Schwarzbuch Banken und Finanzvertriebe

So schützen Sie sich vor fiesen Tricks

Der Autor

Thomas Hammer ist freiberuflicher Wirtschaftsjournalist und Sachbuchautor. Als Finanzexperte hat er bereits zahlreiche Bücher verfasst, darunter auch für die Verbraucherzentralen mehrere erfolgreiche Ratgeber zu den Themen Geldanlage, Altersvorsorge und Baufinanzierung.

1. Auflage, September 2012, 8.000 Exemplare
© Verbraucherzentrale NRW, Düsseldorf

ISBN 978-3-86336-009-2
Printed in Germany

Inhalt

Zu diesem Buch

Jahr für Jahr werden Tausende Verbraucher in Deutschland Opfer von Anlagebetrug und mangelhafter Anlageberatung. Ein zweistelliger Milliardenbetrag, so schätzen Experten, geht den Sparern dadurch verloren. Nicht selten entpuppt sich ein scheinbar unwiderstehliches Angebot im Lauf der Zeit als teure Kostenfalle und die angeblich so sichere Kapitalanlage als risikoreiche Spekulation.

Dass sich Verbraucher in Geldangelegenheiten so leicht blenden und zuweilen auch über den Tisch ziehen lassen, hat verschiedene Gründe. So ist in weiten Teilen der Bevölkerung eine tief sitzende Abneigung gegen die Beschäftigung mit der eigenen Finanzplanung vorhanden. Über Geld spricht man nicht, besagt ein häufig zitierter Satz. Allerdings ziehen allzu viele daraus die Konsequenz, dass sie sich um ihr Geld auch nicht kümmern.

Grundlagen der Finanzplanung gehören in die Lehrpläne

Dazu kommt, dass das überaus wichtige Thema der privaten Finanzplanung schon in der Schule viel zu wenig behandelt wird. Während ein Abiturient die Geschichte Europas ebenso eingehend kennengelernt hat wie die Klassiker der Literatur – was ganz bestimmt nicht abzuwerten ist –, stehen finanzielle Alltagsthemen wie die Vermeidung des Überschuldungsrisikos oder die Grundlagen der Finanzplanung nicht auf dem Lehrplan. Zwar gibt es bereits Initiativen, die vom Bundesbildungsministerium und den Verbraucherzentralen angestoßen worden sind. Doch eine flächendeckende Integration der privaten Finanzplanung in den Schulunterricht liegt noch in weiter Ferne.

Wenn sich nun der unbedarfte Verbraucher mit seinen Finanzfragen an eine Bank oder einen Finanzdienstleister wendet, erwartet er eine kompetente Beratung. Doch was er bekommt, ist im Grunde ein Verkaufsgespräch – denn die „Beratung" wird nicht durch eine Honorarzahlung des

Kunden, sondern mit Provisionszahlungen der Produktanbieter finanziert. Die Vorgaben dabei sind oft knallhart:
Wer seine Vorgaben beim Verkauf von Investmentfonds, Anlagezertifikaten, Bausparverträgen, Beteiligungsmodellen
oder Versicherungen nicht erfüllt, bekommt den Druck der
Vorgesetzten zu spüren. Das bestätigte im Februar 2012
eine Studie der EBS Finanzakademie in Oestrich-Winkel, die
1.400 Anlageberater zu ihrer beruflichen Situation befragt
hatte. „Der von Beratern vielfach kritisierte Vertriebsdruck
konnte im Rahmen der Studie in unterschiedlicher Ausprä-
gung nachgewiesen werden", ist dort zu lesen.

Hoher Vertriebsdruck für Anlageberater

Verbraucher mit großen Wissenslücken, unter immensem
Verkaufsdruck stehende Anlageberater und oftmals schwer
zu durchschauende Finanzprodukte bilden eine Konstellation, die immer wieder zu Ärger zwischen Finanzdienstleistern und deren Kunden führt. Wenn zum Erreichen des
Vertriebsziels noch ein Versicherungs- oder Investmentvertrag
fehlt und der nächste Kunde auch nur halbwegs ins Raster
passt, ist die Gefahr groß, dass dieser ebenjenen Vertrag
aufgeschwatzt bekommt. Dass es womöglich weitaus kostengünstigere oder risikoärmere Alternativen gegeben hätte,
erkennt der Anleger oft erst Jahre später.

Dieses Buch zeigt anhand konkreter Fälle die Situationen,
in denen Verbraucher immer wieder über den Tisch gezogen
oder mit nachteiligen Finanzprodukten „beglückt" werden.
Dabei zeigt sich: Es gibt keine „guten" und „bösen" Banken,
weil Fehlberatungen und fragwürdige Finanzprodukte in
allen Institutsgruppen zu finden sind. Daher sollten die
Leserinnen und Leser aus der Lektüre dieses Buches nicht
den Schluss ziehen, dass sie bei den Banken, die hier nicht
genannt sind, keine unangenehmen Überraschungen erle-
ben können. Selbstverständlich gibt es auch in Banken, die
aufgrund zweifelhafter Praktiken am Pranger stehen, seriöse
und ehrenhaft arbeitende Anlageberater. Doch das Problem
für den Verbraucher ist, dass er zuvor nicht weiß, an welche

Schlechte Beratung in jeder Bank möglich

Sorte Berater er gelangt. Und wenn er hinterher merkt, dass er an den Falschen geraten ist, ist es meist zu spät.

Praktische Hilfestellung für Verbraucher

Daher soll es in diesem Ratgeber nicht allein bei den Warnungen vor typischen Anlegerfallen bleiben. Mit den Hinweisen zu Finanzplanung und Anbietervergleich erhalten Verbraucher praktische Hilfestellung, wenn es darum geht, sich von Banken und Finanzverkäufern unabhängig zu machen und in Eigenverantwortung die Produkte herauszufiltern, die den tatsächlichen Bedarf zu möglichst günstigen Konditionen abdecken.

Abschließend sei noch erwähnt, dass die im Buch genannten Angebote den Stand zwischen März 2012 und Mai 2012 widerspiegeln, soweit nichts anders angegeben ist. Seitdem können sich die Konditionen natürlich geändert haben – ob zum Vorteil oder zum Nachteil des Verbrauchers sei dahingestellt.

Verschleierte Risiken bei Fonds und Zertifikaten

Eigeninteresse des Finanzdienstleisters aufgrund üppiger Provisionen

Wertpapiergeschäfte bringen Gewinn. Allerdings nicht nur für den Anleger, wenn die Kapitalmärkte gut laufen. Sondern in erster Linie für Banken und Finanzvertriebe, die für die Vermittlung von Investmentfondsanteilen und Anlagezertifikaten oft üppige Provisionen kassieren. Damit sind Investmentfonds und Anlagezertifikate eine äußerst beliebte Produktreihe im Bauchladen der Finanzdienstleister. Allerdings steht dem Verkauf oft das Sicherheitsbedürfnis des Anlegers im Weg. Jener möchte zwar eine möglichst hohe Rendite erzielen, aber am besten überhaupt kein oder allenfalls ein begrenztes Verlustrisiko eingehen.

Gegenüber dem Finanzvermittler oder Bankberater möchte indes der Verbraucher auch nicht als ängstlicher Anleger dastehen, der alle Produkte fürchtet, die riskanter sind als eine Bundesanleihe. Das machen sich geschickte Verkäufer zunutze, um dem Kunden eine Kapitalanlage zu verkaufen, die höhere Risiken mit sich bringt, als es eigentlich der Fall sein sollte.

Schlechte Chancen auf Schadenersatz

Wenn sich hinterher herausstellt, dass das vermeintlich geringe Verlustrisiko dennoch Realität geworden ist, ist der Ärger groß. Erst zu diesem Zeitpunkt wird so manchem Anleger klar, dass er nicht wusste, was er eigentlich unterschrieben hat. Die Chancen, den Finanzvermittler oder die Bank auf Schadenersatz zu verklagen, können je nach individueller Konstellation des Falles sehr unterschiedlich sein. Denn der Anleger muss dem Finanzdienstleister hieb- und stichfest nachweisen, dass jener wichtige Risiken verschwiegen oder dem Anleger wider besseres Wissen bewusst eine riskante Geldanlage als sicheres Investment dargestellt hat. Gelingt ihm dies nicht, verliert er den Prozess und trägt sämtliche Kosten.

Lehman-Zertifikate: noch immer ein Fall für die Gerichte

Als am 15. September 2008 die amerikanische Investment-bank Lehman Brothers Insolvenz anmelden musst, war dies auch für Anleger in ganz Deutschland ein schwarzer Tag. Rund 40.000 Kleinanleger in ganz Deutschland hatten Anlagezertifikate gekauft, die von Lehman Brothers aufgelegt und über Sparkassen, Genossenschaftsbanken und Privatbanken verkauft worden waren. Weil Zertifikate im Gegensatz zu Bankguthaben oder Sparbriefen nicht von der gesetzlichen Einlagensicherung abgedeckt sind, wurden die Papiere praktisch über Nacht wertlos. Mit einem Gesamt-verlust für deutsche Anleger von geschätzten 750 Millionen Euro endete die Geschichte des traditionsreichen US-Bank-hauses und seiner internationalen Tochtergesellschaften in einem der größten Anlegerskandale, den die Bundesrepublik je gesehen hatte.

Zertifikate nicht von Einlagensicherung gedeckt

Da es bei Lehman Brothers nicht mehr viel zu holen gab, versuchten viele Anleger, ihre Bank in die Haftung zu neh-men, weil sie über die Ausfallrisiken der Zertifikate nicht ausreichend informiert worden waren. Das Argument der Anleger und ihrer Anwälte: Wenn ihnen der Bankberater gesagt hätte, dass bei Lehman-Zertifikaten keine Einlagen-sicherung greift, hätten sie die Papiere nicht erworben – immerhin waren unter den Lehman-Opfern viele ältere und sicherheitsorientierte Anleger, die sich aufgrund einer von der Lehman Brothers Holding Inc. garantierten Verlustbe-grenzung gegebenen Garantie für deren Anlagezertifikate entschieden hatten.

Viele sicherheits-orientierte Anleger wurden zu spekulativen Anlagen motiviert

Schon bald mussten sich die Gerichte mit den ersten Klagen von geschädigten Lehman-Anlegern befassen. Der Gang durch die Instanzen vom Landgericht über das Oberlandesgericht (OLG) bis hin zum Bundesgerichtshof (BGH) ist ein langwieriges Unterfangen und so dauerte es drei Jahre, bis der Bundesgerichtshof im September 2011 ein erstes Grundsatzurteil zu diesem Themenkomplex fällte. Weitere Verfahren sind noch anhängig. Im Kern stützten sich die Geschädigten jeweils in unterschiedlicher Gewichtung unter anderem auf die folgenden Argumente:

- Die Anleger waren von den Bankberatern meist nicht ausdrücklich darauf hingewiesen worden, dass es für Lehman-Zertifikate keine Einlagensicherung gab.
- Die Banken klärten die Anleger nicht darüber auf, dass sie von Lehman Brothers für den Verkauf der Zertifikate hohe Provisionen erhielten oder – wenn sie die Papiere aus dem eigenen Bestand verkauften – eine entsprechende Gewinnspanne zwischen Einkaufs- und Verkaufspreis einstreichen konnten.
- Auch als sich ab Juni 2008 die Berichte in der Finanzpresse über finanzielle Probleme bei Lehman Brothers häuften, wurden die Zertifikate von etlichen Banken dennoch weiterverkauft.

Die ersten BGH-Urteile: Anlegerschlappe und Bankenrückzieher

Am 27. September 2011 verhandelte der BGH über eine Klage von zwei geschädigten Lehman-Anlegern, die von der Hamburger Sparkasse (Haspa) Schadenersatz forderten. Die Anleger hatten in den Jahren 2006 und 2007 jeweils für 10.000 Euro bei der Haspa Lehman-Zertifikate erworben. Vorrangig ging es in diesem Verfahren um die Frage, ob die Sparkasse in ausreichender Form darauf hingewiesen hat, dass im Falle einer Insolvenz der emittierenden Bank die

Zertifikate nicht über die deutschen Einlagensicherungs-
systeme abgesichert sind. Darüber hinaus sollten die
Richter entscheiden, ob es eine maßgebliche Verletzung
der Beratungspflicht darstellt, dass die Haspa ihre Kunden
nicht über die eigene Gewinnmarge der Bank im Rahmen
des Eigengeschäfts beim Verkauf der Zertifikate aufklärte.

In beiden Fragen entschieden die Richter zugunsten der
Bank. So sei für die Sparkasse zum Zeitpunkt des Verkaufs
nicht erkennbar gewesen, dass die Bank zwei Jahre später in
die Insolvenz schlittern würde. Auch habe die Tatsache, dass
die Bank beim Verkauf der Zertifikate eine Gewinnmarge ein-
behielt, das Risiko für die Anleger nicht erhöht. Wäre Lehman
Brothers nicht zahlungsunfähig geworden, hätten die Anleger
am Ende der Laufzeit im ungünstigsten Fall den verzinsten
Kaufpreis abzüglich des Ausgabeaufschlags zurückbekom-
men (Urteil vom 27.9.2011, Az. XI ZR 8/10 und XI ZR 182/10).

**Entscheidungen
zugunsten der Bank**

Anders gelagert war der zweite Fall, der im Februar 2012
vor dem Bundesgerichtshof verhandelt werden sollte. Das
Frankfurter Oberlandesgericht hatte bereits festgestellt,
dass die beklagte Sparkasse ihre Beratungspflichten ver-
letzt hatte, weil sie den Kunden nicht über die Verkaufsprovision in Höhe von 5 Prozent informiert hatte. Hier handelte es sich nicht wie beim Haspa-Fall um einen Verkauf
aus dem Eigenbestand, sondern die Zertifikate waren im
Auftrag von Lehman Brothers gegen Provision vermittelt
worden. Möglicherweise fürchtete die Sparkasse, dass der
Bundesgerichtshof bei Vermittlungsgeschäften strengere
Maßstäbe anlegen würde als bei einem Zertifikateverkauf
aus eigenem Bestand. Buchstäblich in letzter Minute zog
das Geldinstitut seine Revision zurück und akzeptierte das
Urteil des Oberlandesgerichts, das dem Anleger Schadenersatz zugesprochen hatte. Ähnliches geschah bereits im
April 2011, als eine Sparkasse ebenfalls ihre Revision im
letzten Moment zurückgenommen hatte.

**Sparkasse zieht
ihre Revision zurück**

**Banken vermeiden
Präzedenzurteil**

Der Rückzug der Banken hatte wohl taktische Gründe. Was für den betroffenen Anleger jeweils wie ein Sieg aussah, verhinderte eine klare juristische Aussage in letzter Instanz. Damit mussten zwar die einzelnen Anleger entschädigt werden, doch mit dem Rückzieher vor dem Bundesgerichtshof verhinderten die Geldhäuser, dass mit einem richtungweisenden Urteil – möglicherweise zugunsten der Anleger – ein Präzedenzurteil gefällt wird, an dem sich die Gerichte zukünftig orientieren könnten.

Kompromiss für Anleger und Bank: die Lehman-Vergleiche

In einigen Fällen wurden zwischen Anlegern und Banken Vergleiche geschlossen, auf deren Basis die Investoren zumindest einen Teil ihrer ursprünglichen Kapitalanlage zurückbekamen und nicht das Risiko eines Gerichtsprozesses eingehen mussten. So erklärte sich die Haspa im Februar 2009 bereit, rund 1.000 Anlegern eine Entschädigung von insgesamt rund 9,5 Millionen Euro zu zahlen.

**Verbraucherzentrale NRW
erwirkt Vergleich**

Die Verbraucherzentrale Nordrhein-Westfalen war an einem Vergleich mit der Citibank beteiligt, die heute als Targobank firmiert. Nach einem Punktesystem konnten die betroffenen Anleger zwischen 30 und 80 Prozent ihres Investments zurückerhalten. Für diese Aktion musste die Citibank rund 27 Millionen Euro einkalkulieren.

Vorteil dieser Lösung war, dass auch die Anleger teilnehmen konnten, die sich ein Gerichtsverfahren nicht hätten leisten können. Dazu kommt, dass im Falle einer Ausgleichszahlung die Papiere im Depot der Anleger verblieben und diese nun noch Zahlungen aus den Insolvenzverfahren in den USA und den Niederlanden erhalten. Die Schätzungen gehen hier von 20 bis 30 Prozent des Anlagebetrags als Insolvenzquote aus.

Welche Lehren Sie aus dem Lehman-Skandal ziehen sollten

Die Pleite von Lehman Brothers hat nicht nur die Finanzwelt erschüttert, sondern auch gezeigt, wie sorglos mit komplexen Anlageprodukten und deren Risiken umgegangen wird und welchen Stellenwert der Kunde als Mensch in der Vertriebsstrategie der Geldhäuser hat. Unter anderem förderte die Lehman-Pleite folgende Erkenntnisse zutage:

- Beratungsfehler und fragwürdige Anlageprodukte sind in allen Bankengruppen zu finden. Lehman-Anlagezertifikate wurden von Sparkassen und Genossenschaftsbanken ebenso vermittelt wie von privaten Geschäftsbanken.
- Vor allem älteren Verbrauchern werden häufig komplexe und intransparente Finanzprodukte angeboten. Ein großer Teil der Lehman-Opfer war deutlich älter als 60 Jahre, und offensichtlich wurde von manchen Bankberatern die Tatsache, dass gerade ältere Menschen der Bank ein besonderes Vertrauen entgegenbringen, skrupellos ausgenutzt.
- Im Verlauf der Prozesse hat sich gezeigt, dass oft nicht einmal die Bankberater die Funktionsweise von komplizierten Anlagezertifikaten verstanden haben. Das hat sie freilich nicht daran gehindert, die Finanzprodukte ihren ebenso unwissenden Kunden zu verkaufen.
- Wenn das Produkt erst einmal verkauft und die Provision kassiert ist, interessiert der Kunde allenfalls noch am Rande – zumindest so lange, bis man ihm wieder etwas Neues verkaufen kann. Kaum ein Anlageberater hat in den kritischen Monaten vor der Lehman-Insolvenz, als schon in der Finanzpresse vor den Liquiditätsproblemen der US-Bank gewarnt wurde, seine Kunden kontaktiert und ihnen empfohlen, Lehman-Anlagezertifikate aus Sicherheitsgründen abzustoßen. Gerade in solchen Situationen zeigt sich, ob für die Banken das oft zitierte Schlagwort von der „ganzheitlichen Kundenberatung" eine hohle Phrase ist oder nicht.

■ Der Berater muss die Kapitalanlagen seiner Kunden nicht im Auge behalten. Die Beratung endet vor dem Kauf der Papiere und erzeugt keine nachgelagerten Pflichten.

Auch wenn damit vielleicht einzelnen rühmlichen Ausnahmen im Kreis der Anlageberater Unrecht getan wird, sollten Sie davon ausgehen, dass für die Bank oder für das Finanzvertriebsunternehmen die Einnahmen einen höheren Stellenwert haben als das Wohl des Kunden.

✖ Vorsicht!

Insbesondere das erste BGH-Urteil zum Lehman-Komplex hat leider auch gezeigt, dass eine moralische Verantwortung gegenüber dem Kunden vor Gericht nicht zwangsläufig in einen Schadenersatzanspruch mündet. Damit kann die Hoffnung, dass im Zweifelsfall die Bank für die von ihr verkauften Produkte im Verlustfall geradestehen muss, am Ende zerplatzen wie eine Seifenblase.

Um die Vertriebsziele zu erreichen, wird zuweilen zu fragwürdigen Methoden gegriffen, um gegenüber dem Kunden das wahre Verlustrisiko zu verschleiern. Zwar tauchen entsprechende Risikohinweise im Beratungsprotokoll auf, seit die Banken verpflichtet wurden, die Inhalte der Beratungsgespräche schriftlich festzuhalten. Doch immer wieder ist zu beobachten, dass mündlich die Risiken relativiert werden und die Eintrittswahrscheinlichkeit kleingeredet wird.

Die Taschenspieler-Tricks beim Schwankungsrisiko

An der Börse geht es bekanntermaßen turbulent zu. Da kann es sein, dass über Wochen hinweg die Kurse kräftig klettern, dann aber innerhalb weniger Tage wieder einbrechen. Wer Prognosen wagt, begibt sich schnell aufs Glatteis, und niemand kann verlässlich vorhersagen, wo die Aktien in einem Monat oder in einem Jahr stehen.

Zwar sollte generell bei Aktien- oder Fondsanlagen die Devise gelten, dass man unabhängig vom Einstiegskurs das Geld einfach die nächsten zehn Jahre oder noch länger liegen lassen und die Kurskapriolen weitgehend ignorieren sollte. Doch in der Praxis lassen sich viele Anleger nicht von der Vernunft, sondern von der kurzfristigen Kursentwicklung leiten. Wenn die Kurse eine Zeitlang gestiegen sind, ist die Versuchung groß, die steigende Kurslinie in die Zukunft fortzuführen und von weiteren Gewinnen zu träumen. Umgekehrt ist nach einer längeren Phase fallender Kurse die Bereitschaft zum Wertpapierkauf gering, obwohl sich möglicherweise damit eine gute Einstiegsgelegenheit geboten hätte.

Nicht von kurzfristigen Kursschwankungen leiten lassen!

Für den versierten Finanzverkäufer bedeutet dies: Zeiten steigender Kurse bieten immer gute Gelegenheiten, um Fonds oder Zertifikate zu verkaufen. Und sollte die Kursentwicklung gerade nicht passen, kann sie mit einfachen Tricks zumindest passend dargestellt werden.

Der erste Trick ist der **Laufzeit-Trick**: Je länger der Betrachtungszeitraum, umso konstanter zeigt die Kurskurve nach oben und umso geringer erscheinen die kurzfristigen Schwankungen. Das zeigt sich am Beispiel des Deutschen Aktienindex (DAX), der sich im Februar 2012 bei der Betrachtung eines extrem langfristigen Zeitraums von 1959 bis 2012 wie in der Abbildung auf Seite 18 präsentiert. Dazu noch folgende Anmerkung: Zwar gibt es den DAX erst seit 1988, er lässt sich jedoch mit vergleichbaren Unternehmensbesetzungen zumindest näherungsweise zurückberechnen.

Grafische Darstellung beeinflusst die Wertpapiereinschätzung

Die heftigen Kursausschläge der vergangenen zehn Jahre sind zwar mit abgebildet, finden jedoch in Anbetracht der niedrigen DAX-Stände in früheren Jahrzehnten scheinbar auf hohem Niveau statt. Ganz anders sieht die Grafik hingegen aus, wenn auf die Betrachtung der ersten 40 Jahre verzichtet wird und der Zeitraum erst ab 1999 zu laufen beginnt.

Laufzeit-Trick: je länger der Zeitraum, desto geringer scheinen die kurzfristigen Schwankungen

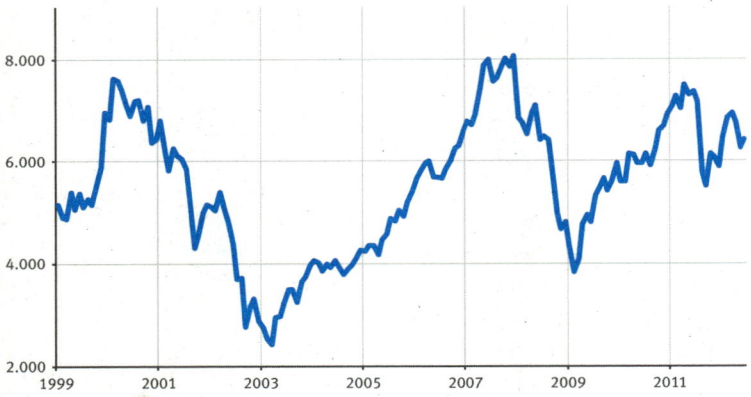

Genauer betrachtet: Seit 1999 ist ein Aufwärtstrend kaum noch erkennbar

Und nun die Preisfrage: Wenn Sie auf Basis einer Kursgrafik Ihre Anlageentscheidung treffen müssten – welche Grafik macht Ihnen mehr Lust auf ein Aktieninvestment?

Der zweite Trick bezieht sich anstatt auf die Gesamtlänge des Betrachtungszeitraum auf den **Zeitausschnitt**. Will heißen: Wenn die vergangenen Monate eine ungünstige Entwicklung mit sich gebracht haben, wird die Kurskurve einfach recht-

zeitig abgeschnitten, damit der Aufwärtstrend stimmt. Auch
dazu sehen Sie hier zwei DAX-Beispiele, zunächst mit der
optisch geschönten Kurskurve, die den Einbruch der Aktienmärkte im Sommer 2011 ausblendet.

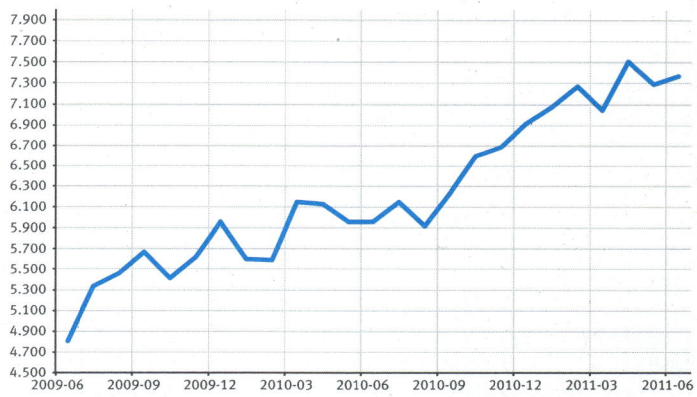

Das Entscheidende fehlt: der Kursknick im Sommer 2011

Weitaus weniger motivierend sieht die Grafik hingegen aus,
wenn der Zweijahreszeitraum um zwölf Monate verschoben
wird und anstatt von Juli 2009 bis Juli 2011 nun von Juli 2010
bis Juli 2012 läuft:

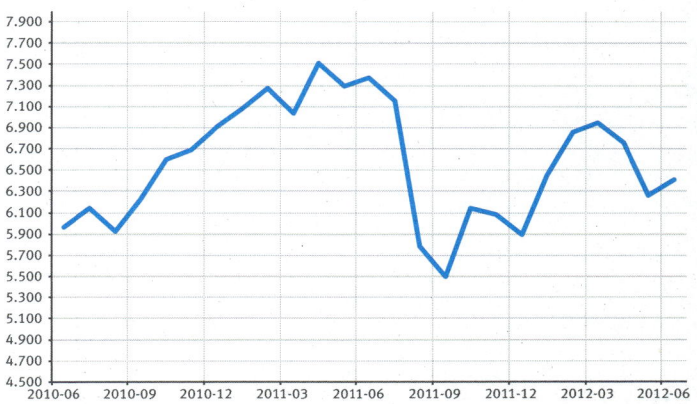

Deutlich erkennbar: Kursverfall im August und September 2011

Das bedeutet konkret für Sie: Passen Sie auf, wenn Ihnen zur Verdeutlichung der Gewinnchancen am Aktienmarkt eine Grafik präsentiert wird, die immer schön nach oben weist. Prüfen Sie, ob die Kursentwicklung bis in die Gegenwart dargestellt wird oder ob man Ihnen eine ungünstige Entwicklung der vergangenen Monate verschweigen will. Schauen Sie die kräftigsten Verlustphasen genau an und stellen Sie sich die Frage: Bin ich bereit, einen Verlust in dieser Größenordnung auszusitzen, oder kann ich diesen Verlust auch im schlimmsten Fall – falls sich die Kurse nicht mehr erholen sollten – verkraften?

[ ] Tipp: Auf schöngerechnete Entwicklungen in allen Bereichen achten

Die Möglichkeit, Kursentwicklungen mit kleinen Tricks schönzurechnen, bietet sich nicht nur am Aktienmarkt. Das Täuschungsmanöver funktioniert auch mit Devisenkursen oder Rohstoffpreisen. Daher sollten Sie auch bei Kapitalanlagen wie Gold oder Fremdwährungen äußerste Vorsicht beim Betrachten der Kursgrafiken walten lassen.

Offene Immobilienfonds: plötzlich geschlossen – und dann?

Offene Immobilienfonds sind eine eigene Gattung innerhalb der Investmentfonds. Im Gegensatz zu den anderen Fondsgattungen investieren sie nicht nur in Wertpapiere und Bankanlagen, sondern vorrangig direkt in Immobilien. Dabei verwalten die Fondsmanager eine Vielzahl an Immobilien in verschiedenen Städten, Regionen und Ländern.

Möglich wird diese breite Streuung durch das hohe Fondsvermögen der einzelnen Fonds, das häufig mehr als eine
Milliarde Euro beträgt.

Das Immobilienportfolio ist zumeist eine Mischung aus Wohnimmobilien, Bürokomplexen, Hotels und Einkaufszentren.
Meist machen Wohnimmobilien den kleinsten Teil aus, während Büroimmobilien den Schwerpunkt bilden. Grund hierfür
ist, dass sich mit gewerblich genutzten Immobilien höhere
Mietrenditen als mit vermieteten Wohnungen erzielen lassen.

Immobilienfonds umfassen meistens unterschiedliche Immobilienarten

Die geografische Verteilung der Immobilieninvestments kann
je nach Fondsstrategie sehr unterschiedlich ausfallen. Früher
waren die Fonds in aller Regel auf Deutschland beschränkt,
doch seit einigen Jahren ist ein klarer Trend zur Internatio-
nalisierung erkennbar. Die einstigen Inlands-Immobilienfonds
haben ihren Anlageraum mittlerweile auf die Euro-Länder
erweitert. Darüber hinaus gibt es einige Fonds, die auch gezielt außerhalb der Eurozone in Großbritannien, Osteuropa,
Nordamerika und Asien investieren. Zumindest teilweise
sind dabei üblicherweise die Investments gegen Währungs-
risiken abgesichert.

Die Immobilienanlagen machen zwar den größten Teil, aber
nicht das gesamte Fondsvermögen aus. Weil wie bei anderen
Investmentfonds auch die Fondsanteile börsentäglich gekauft und zurückgegeben werden können, ist logischerweise
das Fondsvermögen Schwankungen unterworfen. Würde es
ausschließlich aus Immobilien bestehen, müssten im Bedarfsfall von heute auf morgen Immobilien verkauft werden,
um aussteigende Anleger auszuzahlen – und das ist auf dem
ziemlich engen Markt für Großimmobilien nicht möglich.

Fondsvermögen beschränkt sich nicht auf Immobilien

Um dennoch flexibel zu bleiben, legen die Fonds einen Teil
der Anlegergelder auch in Anleihen und Bankguthaben an.
Manche Fonds haben sogar kleinere Aktienbestände, die jedoch am Fondsvermögen allenfalls einen Anteil im Promille-

Bereich ausmachen. Die gesetzlich vorgeschriebene Min-
destquote dieser sogenannten Liquiditätsanlagen liegt bei
5 Prozent, jedoch ist der tatsächliche Anteil meist höher.

Offene Immobilienfonds als Alternative zu Geldanlagen bei Banken

Weil offene Immobilienfonds in der Vergangenheit bei sehr
geringen Renditeschwankungen dem Anleger meist deutlich
höhere Gewinne brachten als Geldanlagen bei Banken, wurde diese Anlagegattung gern als Alternative zu Sparbriefen,
Bundeswertpapieren oder gar Tagesgeldkonten angeboten.

Der sorglose Umgang der Berater mit dem scheinbar prob-
lemlosen und vor allem provisionsträchtigen Anlageprodukt
rächte sich, als im Zuge der weltweiten Finanz- und Immobilienkrise auch offene Immobilienfonds in den Strudel gezogen
wurden. Die massenhafte Flucht von Investoren aus dieser
Anlagegattung führte dazu, dass ab 2008 ein großer Teil der
offenen Immobilienfonds eingefroren wurde, weil die Liquidität nicht mehr zur Auszahlung der Guthaben reichte und sich
die Immobilien nicht schnell genug verkaufen ließen.

Tiefer Fall einiger Immobilienfonds

Mehr noch: Einige Immobilienfonds rutschten tief in die
roten Zahlen. Der Degi Global Business, der institutionellen
Investoren ab einer Anlagesumme von 75.000 Euro zugäng-
lich war, musste im Februar 2010 seinen Immobilienbestand
um 21 Prozent abwerten. Bereits einige Monate zuvor hatte
der für Privatanleger zugängliche P2 Value von der amerikani-
schen Investmentbank Morgan Stanley eine Abwertung von
knapp 14 Prozent bekanntgegeben.

Beim Verkauf von Anteilen an offenen Immobilienfonds hatten viele Bankberater zweierlei versäumt:

1. Die Kunden wurden nicht darauf hingewiesen, dass die
   Fonds bis zu zwei Jahre lang eingefroren werden können
   und damit der Anleger keinen Zugriff auf sein Geld hat,
   wenn er dem Fondsmanagement nicht mehr traut oder
   das Kapital für eine größere Anschaffung benötigt.

2. Mit dem Blick auf die bisher recht stabilen Renditen wurde das Risiko, dass der Fonds in einer Immobilienkrise aufgrund massiver Abschreibungen auch Verluste erwirtschaften kann, entweder ganz verschwiegen oder als rein theoretisch dargestellt.

Daraus ergibt sich die Frage, ob je nach individueller Konstellation Beratungsfehler vorliegen, die zu einer Schadenersatzpflicht für die Banken in ihrer Rolle als Verkäufer der Fondsanteile führen können.

Bislang gibt es hierzu noch kein höchstrichterliches Urteil. Hoffnung für betroffene Anleger könnte jedoch ein Urteil geben, das am 25. November 2011 am Landgericht Frankfurt am Main verkündet wurde (Az. 2-10 O 214/11). Eine Kundin der Commerzbank hatte gegen die Bank geklagt, weil der von ihr in der Folge eines Beratungsgesprächs abgeschlossene Immobilienfonds Degi International eingefroren wurde und Verluste zu befürchten waren. Die Bank wurde dazu verurteilt, das angelegte Geld plus marktüblicher Verzinsung an die Anlegerin zurückzuzahlen – das wird auch als „Rückabwicklung" bezeichnet.

Urteil bringt Hoffnung für geschädigte Anleger

Interessant ist in diesem Zusammenhang die Begründung des Gerichts. Im Urteil wurde nämlich festgestellt, dass ein offener Immobilienfonds die Kriterien einer sicherheitsorientierten Geldanlage nicht erfüllt. Gerade als solche wurden diese Anlageprodukte jedoch insbesondere risikoscheuen Sparern hunderttausendfach verkauft. Allerdings bleibt abzuwarten, ob auch andere Gerichte dieser Auffassung folgen.

Urteil: Kriterien einer sicherheitsorientierten Anlage werden nicht erfüllt

In eine ähnliche Richtung geht auch die Entscheidung der Ombudsfrau der privaten Banken, die als außergerichtliche Schlichterin im Streit zwischen Kunden und privaten Geschäftsbanken fungiert. Im strittigen Fall wollte ein Ehepaar für seine Altersvorsorge eine absolut sichere Anlage mit jederzeitiger Verfügbarkeit haben. Hierfür hatte ein Mitarbeiter der Commerzbank AG den offenen Immobilienfonds Degi International empfohlen und erklärt, es handele sich um eine „mündelsichere Anlage".

Richtungweisender Schlichtungsspruch zu mündelsicheren Anlagen

Die Ombudsfrau stellt im Schlichtungsspruch fest, dass der Degi International nicht mündelsicher sei. Eine Anlage könne nur dann als mündelsicher bezeichnet werden, wenn es sich um eine der in § 1807 BGB genannten Kapitalanlagen handele, also zum Beispiel um einen Bundesschatzbrief, eine Bundes- oder Länderanleihe, einen Pfandbrief oder eine Kommunalobligation. Mündelsichere Anlagen seien nur solche, die vor einem Insolvenzrisiko und auch vor Kursverlusten geschützt sind, bei denen also ein Wertverlust praktisch ausgeschlossen sei. Eine Beteiligung an einem offenen Immobilienfonds erfülle diese Voraussetzungen ersichtlich nicht.

Der Schlichtungsspruch ist richtungsweisend für Investoren des betroffenen Immobilienfonds, denen oftmals von den Beratern die vermeintliche „Mündelsicherheit" als entscheidendes Sicherheitsmerkmal angepriesen wurde, um so Bedenken zu zerstreuen.

Komplexe Anlagezertifikate: Verluste als Überraschungsfaktor

Anlagezertifikate sind eine feine Sache – allerdings eher für die Bank als für den Anleger. Dass diese Anlageform dem arglosen Anleger plötzlich um die Ohren fliegen kann, haben die Millionenverluste mit Lehman-Anlagezertifikaten unter Beweis gestellt. Aber auch Papiere von soliden Banken können ganz tief in den Keller rutschen. Schuld daran sind dann nicht Zahlungsprobleme der Bank, sondern trickreiche Regeln im Kleingedruckten.

In juristischer Hinsicht handelt es sich bei Anlagezertifikaten zunächst einmal um Anleihen, in der die Bank einen Kreditvertrag mit dem Anleiheninhaber als Kreditgeber schließt und diesem die Rückzahlung des ausgeliehenen Betrags zu bestimmten Konditionen zusichert. Doch damit endet die Gemeinsamkeit mit der klassischen Bankenanleihe auch schon. Häufig gibt es nämlich keinen Festzins und die Rückzahlung am Ende der Laufzeit erfolgt nicht immer in Form eines zuvor vereinbarten Festbetrags.

Unterschiede von Anlagezertifikaten und klassischen Bankenanleihen

Der Wert eines Anlagezertifikats hängt von dem ab, was in den Zertifikatsbedingungen steht. Bei einem Indexzertifikat wird beispielsweise der Wert an die Entwicklung eines sogenannten Basiswerts gebunden. Dies kann ein Index sein oder auch der Kurs einer bestimmten Aktie. Dabei verläuft die Wertentwicklung des Zertifikats jedoch längst nicht immer parallel zur Entwicklung des Basiswerts. Welche Auswirkungen eine Veränderung des Basiswerts auf das Anlagezertifikat hat, hängt vom Typ des Zertifikats und von den festgelegten Bedingungen ab.

Die Lehman-Anlagezertifikate waren in dieser Hinsicht überwiegend noch eher von der harmlosen Sorte. Häufig handelte es sich um Garantiezertifikate, bei denen der Anleger eigentlich vor Verlusten geschützt war – außer eben in dem dann eingetretenen Fall, dass die herausgebende Bank pleitegeht.

Auch Garantiezertifikate schützen nicht immer vor Verlust

Vergleichsweise transparent sind überdies auch Indexzertifikate, die einen bestimmten Wertpapierindex abbilden, oder Basketzertifikate, bei denen die Wertentwicklung eines Aktienkorbs zugrunde gelegt wird. Doch die vom Gesetzgeber kaum eingeschränkte Gestaltungsfreiheit hat dazu geführt, dass bei manchen Zertifikaten die Gewinnchancen und Verlustrisiken selbst von Fachleuten kaum noch verlässlich eingeschätzt werden können. Da werden Zinswetten, Währungsspekulation, Wetten auf den Ausfall bestimmter Schuldner und die Entwicklung von Aktienkursen so miteinander kombiniert, dass ganz unterschiedliche Ereignisse den Wert des Zertifikats beeinflussen oder es sogar wertlos machen können.

Chancen und Risiken nur von Spezialisten zu berechnen

Weil die Chancen und Risiken solcher Papiere praktisch nur noch von den Finanzmathematikern der Banken berechnet werden können, lassen sich darin hervorragend extrem hohe Gewinnspannen verstecken. Die Bank sichert sich nämlich mit entsprechenden Gegengeschäften ab – und welchen Preis sie dafür bezahlt, bleibt ein wohlgehütetes Geheimnis. Ein Zertifikat kann dann auch schon mal so riskant sein, dass die Bank Sie für Ihre Risikobereitschaft mit 10 Prozent Zins entlohnen müsste. Wenn es dem Geldinstitut gelingt, das Papier so attraktiv darzustellen, dass die Anleger auch mit 5 Prozent Zins zufrieden sind, bleibt diese Differenz zum fairen und risikogerechten Zins als Gewinn in der Kasse der Bank.

Gefährliche Konstruktion: Cobold-Anleihen

So legte beispielsweise die DZ-Bank als Dachinstitut der Volks- und Raiffeisenbanken die berühmt-berüchtigten Cobold-Anleihen auf. Das waren Anlagezertifikate mit einer festen Verzinsung und einer besonderen Klausel: Wenn eines von mehreren in den Zertifikatebedingungen genannten Unternehmen seine Schulden nicht mehr bezahlen kann, wird das Cobold-Zertifikat in Anleihen des betreffenden Unternehmens umgetauscht.

Dass der Teufel im Detail steckt, mussten die Cobold-Investoren auf schmerzliche Weise unter anderem bei der Cobold-Anleihe Nr. 62 erfahren. Dieses Papier war mit fünf Anleihen verbunden: von der Deutschen Bank, von den US-Banken Merrill Lynch, JP Morgan Chase, Morgan Stanley und von Lehman Brothers. Die Investoren bekamen 3,2 Prozent Zins pro Jahr, was zum Zeitpunkt der Emission im Jahr 2005 nicht gerade üppig war. Aber es war eben ein Tick mehr als das, was Sparbriefe oder Bundeswertpapiere hergaben.

Wie bei diesen scheinbar sicheren Papieren das Risiko gehebelter Wucht zuschlägt, zeigte sich bei der Pleite von Lehman Brothers. Wer statt auf den Cobold-Unfug auf ein in gleichen Anteilen strukturiertes Anleihendepot gesetzt hätte, wäre zwar in die roten Zahlen gerutscht, hätte jedoch wegen der Verteilung der Anleihen auf fünf Herausgeber nur 20 Prozent Verlust eingefahren. Die Cobold-Anleihe schaltete jedoch mit der Insolvenzanmeldung auf 100 Prozent Lehman um und bescherte den überraschten Sparern praktisch den Totalverlust. Damit glich das Konstrukt einem russischen Roulette, bei dem im Ernstfall unweigerlich die Kugel des Pleitekandidaten aus dem Lauf flog.

Totalverlust mit Cobold-Anleihen

Wie nicht anders zu erwarten war, landeten die ersten Cobold-Fälle schon bald vor Gericht. Viele Anleger fühlten sich getäuscht und monierten, über die wahren Risiken nicht richtig aufgeklärt worden zu sein. Ein richtungweisendes Urteil hierzu gab es im Juni 2010 am Oberlandesgericht München (Urteil vom 28.6.2010, Az. 19 U 1580/10). Einem Anleger, der risikoarme Anleihen als bevorzugte Anlageform angegeben hatte, wurden hochriskante Cobold-Zertifikate aufgeschwatzt. Die Richter kamen zu dem Ergebnis, dass die Bank verpflichtet war, den Anleger auf die Besonderheiten der Cobold-Konstrukte hinzuweisen. Weil sie dies versäumt hatte, wurde dem Betroffenen Schadenersatz zugesprochen.

Bank muss auf riskante Besonderheiten hinweisen

Versteckte Kosten erschweren Ermittlung der Gesamtkosten

Wenn es um die Kosten geht, zeigen sich Finanzdienstleister gern ebenso kreativ wie geheimniskrämerisch. Da werden Leistungen, die der Verbraucher eigentlich als Standard erwartet hätte, auf einmal zum gebührenpflichtigen Extra. Oder kostenlose Produkte werden kostenpflichtig, weil ein im Kleingedruckten genanntes Kriterium nicht mehr erfüllt ist. Und wenn es um die Ermittlung der Gesamtkosten geht, sind höhere Rechenkünste gefragt. Wer versucht, einmal die tatsächliche Kostenbelastung seines Riester-Sparvertrags anhand der Klauseln des Anbieters zu ermitteln, der weiß, was damit gemeint ist.

Manchmal übertreiben es Banken und Finanzdienstleister mit dem Kassieren. Dann müssen die Gerichte entscheiden, ob bestimmte Gebühren gerechtfertigt sind. Dabei wurden den Geldinstituten des Öfteren schon Grenzen gesetzt – auch in der freien Marktwirtschaft kann nicht immer nach Belieben kassiert werden.

Wer mit Nulltarif lockt, profitiert oft doppelt

„There is no free lunch", sagt ein amerikanisches Sprichwort. Wörtlich übersetzt: „Es gibt kein kostenloses Mittagessen", im Deutschen „Nichts ist umsonst". Ursprünglich bezog es sich auf einen cleveren Restaurantbetreiber in New York, der seine Gäste mit einer Mittagsmahlzeit zum Nulltarif lockte. Allerdings waren sie verpflichtet, auch Getränke zu bestellen – und die waren so kalkuliert, dass sich das Angebot am Ende für den Betreiber rechnete.

Ähnlich verhält es sich oft bei Finanzangeboten: Da winkt ein scheinbar unwiderstehliches Schnäppchen und erst beim oder nach dem Unterschreiben merkt der Kunde, dass das Angebot längst nicht so vorteilhaft ist wie in der Werbung dargestellt. In diesem Kapitel erfahren Sie, mit welchen Methoden Finanzanbieter offen oder – was häufiger vorkommt – verdeckt Gebühren abzweigen, um ihre Schäfchen ins Trockene zu bringen.

Riester-Rente und Co.: Transparenz nur auf dem Papier

Angesichts der immer klammer werdenden öffentlichen Rentenkassen ist es sinnvoll, die gesetzliche Altersvorsorge mit eigenen Maßnahmen zu ergänzen – zumal Vater Staat bei Riester-Rente, Rürup-Rente und betrieblicher Altersvorsorge dem Sparer mit Förderzulagen oder Steuervergünstigungen unter die Arme greift. Aber nur weil es gutes Geld vom Staat gibt, sind längst nicht alle geförderten Vorsorgeprodukte so gut wie sie im Verkaufsgespräch dargestellt werden.

Beispiel Riester-Rente: Wer einen Riester-Versicherungssparplan abschließt, begibt sich praktisch in einen finanziellen Blindflug. Zwar sind die Anbieter von Gesetzes wegen verpflichtet, die im Sparplan enthaltenen Kosten anzugeben. Doch dabei legen viele Assekuranzen einen derart kreativen Mix aus Prozentzahlen, Festbeträgen sowie laufzeitabhängigen und einmal anfallenden Kosten vor, dass es selbst Finanzprofis schwerfällt, die tatsächlichen Kosten zu ermitteln.

Riester-Kosten selbst von Profis oft nur schwer zu errechnen

Doch gerade die Kosten liefern einen entscheidenden Anteil zum Anlageerfolg. Denn: Je niedriger die Kostenquote ist, umso weniger Risiken muss der Vermögensverwalter eingehen, damit für den Anleger auch nach dem Abzug aller Gebühren eine gute Rendite übrig bleibt.

„Selbst wir haben manchmal Mühe, die Kosten nachzuvollziehen. Für den Kunden ist dies oft unmöglich." Das schrieb die Stiftung Warentest Ende 2010 den Riester-Assekuranzen ins Stammbuch.

Kunden ohne Chance auf Durchblick

Exemplarisch angeführt wird dabei eine Kostenklausel der LVM-Versicherung: „Als Abschlusskosten werden 4,50 Euro je 100 Euro Beitragszahlung einbehalten. Die Kosten für die Vertragsführung betragen 3,50 Euro je 100 Euro Beitragszahlung und 2,50 Euro je 100 Euro Rentenzahlung. Für die Verwaltung des Kapitals werden monatlich vor Beginn der Rentenzahlung 0,04 Euro je 100 Euro der bisher gezahlten Beitragssumme abgezogen. Für den 5.000 Euro übersteigenden Teil der bisher gezahlten Beitragssumme reduziert sich dieser Betrag auf 0,02 Euro je 100 Euro."

Alles klar?

Zillmerung: Provisionsverrechnung zugunsten des Verkäufers

Was zumeist als „Abschlusskosten" verklausuliert wird, ist nichts anderes als die Provision für den Vermittler. Diese treibt dank der sogenannten Zillmerung den Versicherungssparvertrag in dem ersten Jahr tief in die roten Zahlen. Benannt wurde das Verfahren nach dem Versicherungsmathematiker August Zillmer, der im Jahr 1863 das bis heute marktübliche Verfahren zur Provisionsverrechnung beim Versicherungssparen entwickelt hat. Will heißen: Schon vor mehr als 140 Jahren wurden offenbar die Versicherungsverkäufer vom Wunsch getrieben, möglichst schnell die Provision ausgezahlt zu bekommen.

Jahrelange Provisionsschulden bei Zillmerung

Mithilfe des komplizierten Verfahrens kann ermittelt werden, wie der Gegenwert der sofort ausgezahlten Vertreterprovisionen nach und nach in den Vertrag einfließen und gleichzeitig aus den Sparbeiträgen die Prämie für den Todesfallschutz finanziert werden kann. Sozusagen ratenweise werden die noch nicht eingebuchten Provisionen von den Sparraten abgezogen, bis erst nach Jahren keine Provisionsschulden mehr übrig sind. Bis zu 4 Prozent der Beitragssumme dürfen nach diesem Verfahren gleich zu Beginn dem Sparer direkt belastet werden, so die Regelung der Bundesanstalt für Finanzdienstleistungsaufsicht (BaFin).

Dem Riester-Versicherungssparer bringt die Zillmerung vor allem in den ersten Jahren drastische finanzielle Einbußen –

wer nach fünf Jahren den Rückkaufswert seines Versicherungssparvertrags mit der Summe der bereits geleisteten Sparraten vergleicht, kann dies bestätigen. Auch bei der betrieblichen Altersvorsorge in Form von Direktversicherungen, versicherungsfinanzierten Unterstützungskassen und Pensionskassen ist die Zillmerung zulässig. Die Folge: Wer nach wenigen Jahren Einzahlung den Arbeitgeber wechselt und dort den bestehenden Vertrag nicht weiterführen kann, hat oft nur ein minimales Vorsorgeguthaben.

Des einen Leid, des anderen Freud: Sparer verlieren viel Geld, wenn sie zwischen verschiedenen Riester-Sparverträgen hin- und herwechseln – aber beim Finanzverkäufer klingelt bei jedem Wechsel die Provisionskasse. Da kommt dann ein sogenannter unabhängiger Anlageexperte ins Haus und bietet eine kostenlose Serviceleistung an: Er prüft, ob die bestehenden Versicherungssparverträge noch etwas taugen. Und auf wundersame Weise stellt sich dann oft heraus, dass der Experte eine Versicherung bieten kann, die eine viel bessere Rendite bringt.

Wechsel zwischen Riester-Sparverträgen vor allem für Finanzverkäufer lukrativ

Altverträge werden gekündigt, neue Verträge werden abgeschlossen. Und wenn der nächste Finanzverkäufer kommt, geht das Spiel von vorne los. Bis sich irgendwann der Verbraucher wundert, warum er mit seinen Sparverträgen auf keinen grünen Zweig kommt. Doch die Finanzvertriebe haben die Provisionen längst in der Tasche, die Zillmerung macht's möglich.

Dazu eine konkrete Zahl: Rund eine Million Riester-Verträge sind seit der Einführung des Riester-Sparens wieder gekündigt worden. Sicherlich ein Teil davon aus persönlichen Gründen wie beispielsweise dem Wechsel vom Angestelltendasein in die Selbstständigkeit. Aber ein großer Teil der Kündigungen dürfte daraus resultieren, dass aggressive Finanzverkäufer nach dem Prinzip der verbrannten Erde Provisionen generieren. Koste es, was es wolle – aber bitte den Kunden.

Eine Million gekündigter Riester-Verträge

Dazu ein Originalzitat aus dem Werbebrief eines großen
Finanzvertriebs: „Bei der Durchsicht Ihrer Unterlagen ist mir
aufgefallen, dass Ihr laufender Versicherungsvertrag sich –
was die voraussichtliche Ablaufleistung angeht – deutlich verschlechtert hat." Den Rest können Sie sich selbst ausmalen.

Fondsgebundene Versicherungen: Kostenermittlung als Lotteriespiel

Geringe Steuervorteile bei Versicherungsverträgen

Längst vorbei sind die Zeiten, in denen kapitalbildende
Lebensversicherungen oder private Rentenversicherungen
ein veritables Steuersparmodell waren, weil die Gewinne
steuerfrei blieben. Nur noch Altverträge profitieren von diesem Privileg, während bei neuen Verträgen gilt: Selbst wenn
die Versicherung mindestens 12 Jahre lang läuft und erst
im Rentenalter zur Auszahlung kommt, muss die Hälfte der
Gewinne als Einkommen versteuert werden. Im Vergleich zur
Abgeltungssteuer, die 25 Prozent plus Solidaritätszuschlag
und eventuell Kirchensteuer beträgt, bleibt für viele Anleger
der Steuervorteil äußerst überschaubar.

Dennoch sind Versicherungssparverträge vor allem bei
Finanzvertrieben beliebt – allerdings häufig nicht in Form
einer klassischen Kapitallebens- oder Rentenversicherung,
sondern als sogenannte fondsgebundene Versicherungspolice. Im Gegensatz zur klassischen Kapitallebensversi-
cherung ist die Fondspolice praktisch eine Kombination aus
Investmentsparvertrag und Risikolebensversicherung, bei
fondsgebundenen Rentenversicherungen entfällt sogar die

Absicherung der Hinterbliebenen. Es gibt weder Garantie-
verzinsung noch Vorschriften der Finanzaufsicht zur Sicherheit
der angelegten Kundengelder. Wer über diese Konstruktion
seine komplette Sparrate in Aktienfonds investieren will,
kann dies tun - mit allen Chancen und Risiken, die sich daraus ergeben.

**Fondsgebundene
Versicherungspolicen
sehr risikoreich**

Doch warum werden solche Versicherungen so gern verkauft? Ganz einfach: Sie bieten den Versicherungsverkäufern
eine hervorragende Möglichkeit, schnell viel Geld zu ver-
dienen. Bis zu 4 Prozent der über die gesamte Laufzeit ein-
zuzahlenden Beträge erhält der Versicherungsvermittler als
Provision – das macht bei 150 Euro monatlicher Sparrate und
30 Jahren Gesamtlaufzeit satte 2.160 Euro. Dank Zillmerung
(siehe Seite 32) wird die Provision sofort ausgezahlt, und
dafür kommt der Anleger in den ersten Jahren aus den roten
Zahlen nicht heraus, weil die Kosten dem Vertrag belastet
werden. Der Bundesgerichtshof hat in einem neuen Urteil die
Unwirksamkeit solcher Vertragsklauseln erklärt (BGH, Urteil
vom 25.7.2012, Az. IV ZR 201/10). Viele ehemalige Kunden,
die im Zeitraum 2001 bis Ende 2006 eine Lebens- oder Rentenversicherung abschlossen und diese vorzeitig kündigten, können von ihrem Versicherer einen Nachschlag fordern.

Direkt, aber auch auf indirekte Weise wird der Anleger bei
Fondspolicen geschröpft. Kosten entstehen nicht nur auf Ebene des Versicherers, sondern auch in Form der Verwaltungsgebühren auf Ebene der Investmentfonds. Bis zu 2 Prozent jährlich zweigen die Managementgesellschaften bei Aktienfonds
ab – und ein Teil davon fließt gleich wieder in die Taschen des
Versicherers. Denn: Als kleines Dankeschön dafür, dass der
Fonds von dem Versicherer ins Depot genommen wird, wird
jenem ungefähr rund die Hälfte der Fonds-Verwaltungsgebüh-
ren als Bestandsprovision überwiesen. Im Fachjargon wird
diese fragwürdige Praxis als „Kick-back" bezeichnet.

**Kick-back: Vorteil für
den Versicherer**

Trotz der hohen Kostenbelastung werden den Sparern zuweilen traumhafte Renditen in Aussicht gestellt. So warb
Anfang 2012 beispielsweise die Europa-Versicherung auf
ihrer Internetseite für ihre fondsgebundene Rentenversicherung mit „überdurchschnittlichen Renditechancen von

**Renditeangaben:
rein retrospektiv**

6 bis 12 Prozent durch die maßgeschneiderte Fondsanlage".
Zwar wird in einer kleinen Fußnote darauf hingewiesen, dass
sich dies auf den Zeitraum der vergangenen 30 Jahre bezieht. Und in der Tat brachten DAX-Aktien von Ende 1980 bis
Ende 2010 im Schnitt 9,3 Prozent Rendite. Aber: Der Löwenanteil der DAX-Gewinne wurde vor der Jahrtausendwende
erzielt und ist damit längst Geschichte. Wer im Jahr 1998
in den Aktienmarkt eingestiegen ist, hat bis Ende 2010 nur
noch eine magere Durchschnittsrendite von jährlich 2,7 Prozent erwirtschaftet.

Und: Damit die in Aussicht gestellten Gewinne beim Anleger
ankommen, müssen erst einmal die Fonds- und Versicherungskosten abgezogen werden. Damit der Sparer 12 Prozent jährlichen Zuwachs bekommt, müsste der Fondsmanager mit seinen Wertpapieren mindestens 15 Prozent Gewinn

**Prognosen der
Versicherer: in erster
Linie Spekulation**

machen. Aber so lange es genügend Sparer gibt, die lieber
einer unrealistischen Fortschreibung von längst vergangenen Gewinnen in die Zukunft glauben, als das Angebot skep-
tisch zu hinterfragen, scheint dieser billige Trick genügend
neues Anlegergeld in die Kasse des Versicherers zu spülen.

Fondspolicen können Sie links liegen lassen

Angesichts solcher Kostentrickserei stellt sich die Frage, ob
Sie als Verbraucher fondsgebundene Lebens- oder Rentenversicherungen überhaupt brauchen. Die Antwort darauf ist in
fast allen Fällen ein klares „Nein". Einer der wichtigsten Gründe ist die Intransparenz der Policen. Obwohl die Versicherer
seit einigen Jahren verpflichtet sind, die Kostenbelastungen
im Kleingedruckten auszuweisen, bleibt die Ermittlung der

tatsächlichen Kostenquote ein kompliziertes Unterfangen. Die Mischung aus jährlichen und einmal fälligen Gebühren, prozentualen Sätzen und festen Beträgen macht es möglich, dass alles schön im Unklaren bleibt.

Dazu kommt die Benachteiligung des Sparers in den ersten Jahren. Nur wenn Sie Ihren Sparvertrag auch wirklich bis zum Ende durchhalten, bringt Ihnen das Versicherungssparen eine halbwegs vertretbare Rendite. Doch wer kann in Zeiten sich immer schneller ändernder Lebensumstände und Berufssituationen sagen, ob er in fünf oder zehn Jahren noch genauso viel Geld auf die Seite legen kann wie heute?

Zwar können Sie für einen gewissen Zeitraum Ihre Sparraten aussetzen, doch dies ist aufgrund der Kostenstruktur in aller Regel mit Renditeeinbußen verbunden. Noch höher sind die Verluste, wenn Sie Ihre fondsgebundene Versicherung auflösen und vorzeitig an Ihr Geld wollen. Dann kassiert häufig noch der Fiskus einen guten Teil von dem wenigen Gewinn, der übrig bleibt. Wenn nämlich die Versicherung vor dem 60. Geburtstag ausgezahlt wird, muss der Gewinn in voller Höhe versteuert werden – und zwar nicht mit dem günstigen Satz der Abgeltungsteuer, sondern mit Ihrem Einkommensteuersatz.

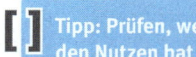

Tipp: Prüfen, wer den Nutzen hat

Wenn Ihnen ein Finanzvermittler oder Bankberater eine fondsgebundene Versicherung schmackhaft machen will, sollten Sie sich immer vor Augen halten, dass diese Anlageprodukte wegen der hohen Provisionen allein dem etwas nützen, der sie verkauft.

Kick-back-Zahlungen: heimlich kassiert

Wenn sich ein Geldanleger falsch beraten fühlt und nach erlittenen Verlusten die Bank auf Schadenersatz verklagen will, stehen die Richter immer auch vor der Frage: Hat die Bank

im Interesse des Kunden agiert oder wollte sie auf dessen
Rücken möglichst hohe Einnahmen für sich selbst erzielen?

**Im Streitfall selten
Auskünfte der Banken**

Ein wichtiges Kriterium dabei sind verdeckte Provisionen
oder sogenannte Kick-back-Zahlungen, die von Investmentgesellschaften und Brokern an Banken gezahlt werden,
damit das Institut deren Produkte an den Mann bringt. Häufig
weigern sich im Streitfall Banken und Sparkassen, über
diesen Sachverhalt Auskunft zu geben. Die Folge: Für geschädigte Anleger ist es kaum möglich, über den Tatbestand der
verdeckten Provision der Bank nachzuweisen, dass sie in
erster Linie an der Maximierung der eigenen Einnahmen und
weniger am Anlageerfolg des Kunden interessiert war.

**Urteil: Anleger darf
Offenlegung kassierter
Provisionen erzwingen**

Allerdings gibt es hierzu ein klares Urteil des Karlsruher
Landgerichts, wonach Anleger die Möglichkeit haben, die
Bank zur Offenlegung der aktuellen und in der Vergangenheit
kassierten Provisionen zu zwingen (Urteil vom 22.10.2010,
Az. 5 O 229/10). Geklagt hatte der Kunde einer Sparkasse,
der das Institut mit der Vermögensverwaltung beauftragt
hatte und nach hohen fünfstelligen Verlusten anhand der
Kick-backs prüfen wollte, ob die Sparkasse womöglich eigene Ziele verfolgt hatte und damit ihr Vermögensverwaltungs-
mandat nicht ordnungsgemäß wahrgenommen hatte.

Das Institut weigerte sich zunächst, die Zahlen herauszu-
geben. Der Anleger habe daran kein berechtigtes Interesse
und überdies habe die Sparkasse im Vermögensverwaltungs-
vertrag pauschal darauf hingewiesen, dass sie Rückver-
gütungen von Dritten erhalte. Außerdem seien die Ansprüche
verjährt, argumentierte das Geldhaus.

**Urteil: Anleger hat Recht,
Eigeninteresse der Bank
bei Beratung zu erfahren**

Doch die Richter sahen die Sachlage anders. Aufgrund des
Vermögensverwaltungsvertrags habe der Anleger das Recht,
detaillierte Auskunft auch über Provisionszahlungen in der
Vergangenheit zu verlangen. Hiervon hänge ab, ob der Kläger annehmen kann, dass die Beklagte bei den einzelnen

Anlageentscheidungen ausschließlich sein Interesse verfolg-
te oder auch eigene Interessen, betonten die Richter in der
Urteilsbegründung. Auch sei keine Verjährung erkennbar,
da die Verjährungsfrist nicht mit dem Abschluss der Anlage-
geschäfte zu laufen beginne, sondern erst wenn der Anleger
die Auskünfte von der Bank einfordere.

Kick-back-Provisionen gibt es nicht nur bei der Vermögens-
verwaltung und bei Investmentfonds, sondern auch bei
Beteiligungsmodellen in Form sogenannter geschlossener
Fonds. Oftmals erhalten Banken und Finanzvermittler vom
Fondsinitiator nicht nur den Aufschlag beim Beitritt des
Anlegers – auch als „Agio" bezeichnet –, sondern weitere
Provisionszahlungen aus dem Fondsvermögen. Insgesamt
können dabei Provisionen in Höhe von 15 bis 20 Prozent
zustande kommen, was für den Finanzvermittler oder Bankberater im Vergleich zu anderen Kapitalanlagen natürlich
äußerst lukrative Einnahmen verheißt.

Auch geschlossene Fonds können Kick-back-Provisionen beinhalten

In mehreren richtungweisenden Urteilen hat der Bundesgerichtshof dazu eine klare Haltung entwickelt. Wenn eine Bank
dem Kunden verschweigt, dass sie für die Vermittlung von geschlossenen Fonds hohe Provisionen kassiert, macht sie sich
schadenersatzpflichtig und muss im Verlustfall das Geschäft
rückabwickeln. Eine andere Rechtsauffassung gilt, wenn die
Anlageberatung durch freie Berater stattfindet. Dann muss
der Kunde über die Provisionen nur aufgeklärt werden, wenn
diese 15 Prozent des angelegten Betrags überschreiten.

Wie das funktioniert, verdeutlicht ein Urteil, das ein Anleger
vor dem Oberlandesgericht Köln gegen die Sparkasse Köln-
Bonn erstritten hat (Urteil vom 7.9.2011, Az. 13 U 142/09).
Die Sparkasse hatte zum Erwerb eines geschlossenen Medienfonds geraten, ohne jedoch den Kunden über die damit
verbundenen Kick-back-Zahlungen aufzuklären. Dies sei ein
eindeutiger Verstoß gegen die Sorgfaltspflichten bei der
Beratung, so die Ansicht der Richter. Da der Fonds in der

Über Kick-back-Zahlungen zu informieren gehört zur Sorgfalts-pflicht

Zwischenzeit hohe Verluste erwirtschaftet hatte, wurde die Sparkasse dazu verurteilt, dem Anleger den entstandenen finanziellen Schaden zu ersetzen.

Fondskosten:
Spielwiese für Rechenkünstler

Werbung: vor allem schöne Worte

„Umfassende Transparenz und klare Kostenstruktur" – das sind zwei von sieben Argumenten, mit denen der Bundesverband Investment und Asset Management (BVI) in einer Broschüre für Investmentfonds als Kapitalanlage wirbt. Ist ja auch seine Aufgabe, immerhin vertritt der BVI als Branchenverband die Interessen der in Deutschland ansässigen Fondsgesellschaften. Doch wie so oft in der Werbung steht bei näherer Betrachtung hinter scheinbar stichhaltigen Argumenten am Ende ein großes Fragezeichen.

Auf den ersten Blick scheint der Fall klar zu sein, welche Gebühren beim Fondskauf zu berücksichtigen sind:

- Der Ausgabeaufschlag wird beim Kauf erhoben und beträgt je nach Fondsgattung und Anbieter bis zu 6 Prozent.
- Die Bank, bei der Sie Ihre Fondsanteile im Wertpapierdepot verwalten lassen, verlangt für diese Dienstleistung in aller Regel vierteljährlich oder jährlich abzurechnende Depotverwaltungsgebühren.
- Die Fondsgesellschaft behält für die Fondsverwaltung eine Managementgebühr ein, die direkt vom Fondsvermögen abgezweigt wird.

Auf Ausgabeaufschlag und Hausbank-Depotgebühr haben Sie als Anleger Einfluss. Mit dem Kauf der Fondsanteile über

einen Discountbroker oder die Börse lässt sich der Ausgabeaufschlag deutlich senken oder sogar ganz auf Null drücken.
Auch die Depotgebühr der Hausbank kann durch einen
Wechsel der Bank wegfallen, weil einige Direktbanken auf
diese Gebühr komplett verzichten.

Doch die anderen Fondsgebühren sind nicht nur unverän-
derbar, sondern überdies auch schwer zu vergleichen. Ein
kurzer Blick ins „Factsheet" eines Fonds zeigt zwar die Verwaltungsgebühr und darüber hinaus weisen Fondsgesellschaften – man ist ja transparent – die „Total Expense Ratio"
(TER) als Gesamtkostenquote aus. In der TER sind neben der
regulären Verwaltungsgebühr unter anderem die Vergütung
für die Depotbank der Fondsgesellschaft, die Honorare für
den Wirtschaftsprüfer und die Kosten für den Druck der Fonds-
berichte enthalten.

Total Expense Ratio: Gesamtkostenquote für Fondsgebühren

Allerdings haben die Fondsanbieter schnell erkannt, wie
man trotz TER-Ausweis kräftig an der Gebührenschraube
drehen kann, ohne dass es der Sparer merkt. Denn: Mit den
erfolgsabhängigen Gebühren und den Handelsgebühren für
die fondsinternen Wertpapiertransaktionen fehlen bei deren
Ermittlung zwei wichtige Posten.

Gewinnbeteiligung auch bei Verlusten

Die erfolgsabhängigen Gebühren, die auch als „Performance
fee" bezeichnet werden, sind in den vergangenen Jahren bei
den Fondsanbietern immer beliebter geworden. Je nach Fonds
ist die Messlatte entweder ein Zinssatz oder ein Aktienindex.
Gelingt es dem Fondsmanager, die Messlatte zu übersprin-
gen, dann darf die Fondsgesellschaft einen Teil dieser Überrendite für sich behalten. Je nach Anbieter und Fonds zweigt
die Investmentgesellschaft bis zu 25 Prozent des Mehrertrags
als Erfolgsgebühr ab.

Saftige Erfolgsgebühren

Eigentlich eine faire Lösung – wenn nicht so mancher Anbieter tricksen würde, um für sich selbst den maximalen Ertrag herauszuholen. Dazu ein paar Beispiele:

■ Wenn der Fonds schlechter abschneidet als der Vergleichsindex, werden die Verluste nicht auf die Folgejahre vorgetragen, und beim ersten Mehrertrag kann die Fondsgesellschaft gleich wieder zuschlagen. Das tun laut einer Untersuchung der Stiftung Warentest aus dem Jahr 2010 praktisch alle großen Anbieter in Deutschland, unter anderem mit Allianz Global Investors, Deka, DWS und Union Investment. Die faire Lösung wäre eine „High Watermark" (Hochwassermarke), bei der erst dann wieder Erfolgsgebühren verlangt werden dürfen, wenn die Unterrenditen früherer Zeiträume komplett aufgeholt sind. Ganz nebenbei: In der Schweiz werden Fonds mit Performancegebühren ohne eine solche Regelung nicht zum Vertrieb zugelassen. In Deutschland dagegen schon.

**„Hochwassermarke":
in der Schweiz Pflicht,
in Deutschland nicht**

■ Die Einführung einer variablen Gebühr wäre fair, wenn im Gegenzug die fixe Verwaltungsgebühr gesenkt werden würde. Doch häufig ist das Gegenteil der Fall. So hat beispielsweise Anfang 2010 Allianz Global Investors die Verwaltungsgebühr für die beiden Aktienfonds Allianz RCM Aktien Deutschland und Allianz RCM Aktien Europa von 1,25 Prozent auf 1,35 Prozent erhöht und gleichzeitig die Erfolgsbeteiligung eingeführt. Doppelt kassiert hält besser.

**Gern mal doppelt
kassieren**

■ Bei Aktienfonds können auch bei Verlusten Gewinnbeteiligungen fällig werden – nämlich dann, wenn der Gesamtmarkt größere Verluste als der Fonds macht. Konkret: Fällt der Vergleichsindex um 20 Prozent und der Fonds liegt nur mit 15 Prozent im Minus, wertet dies das Fondsmanagement als 5 Prozent „Überrendite" und kassiert davon die Gewinnbeteiligung.

Mauscheleien bei den internen Transaktionskosten

Bietet schon die erfolgsabhängige Vergütung reichlich Gelegenheit zum Zünden von Nebelkerzen, so wird es bei den
fondsinternen Transaktionskosten zappenduster. Hier werden
Börsen- und Handelsgebühren fällig, wenn auf Fondsebene
Wertpapiere gekauft oder veräußert werden. Dieser Kosten-
faktor gilt als eines der bestgehüteten Geheimnisse der Fonds-
branche und entbehrt nicht einer gewissen Brisanz. Denn:
Investmentgesellschaften sind oftmals Tochtergesellschaften
von Großbanken und führen das Depot bei der Konzern-
mutter – da ist die Versuchung groß, über die Handelsgebühren
zu Lasten der Fondsanleger Gewinn für die Bank zu generieren.

**Fondsinterne Trans-
aktionskosten: großes
Geheimnis**

Einen kurzen Blick hinter die Kulissen durfte im Jahr 2007
eine Gruppe von Wirtschaftswissenschaftlern werfen, die bei
gut 1.700 US-Aktienfonds die Handelsgebühren analysier-
ten. Im Schnitt, so das Ergebnis, kostete das Kaufen und Verkaufen von Aktien pro Jahr auf Fondsebene 1,44 Prozent –
und man darf getrost annehmen, dass seitdem die Gebühren
eher gestiegen als gefallen sind.

Allein schon die Addition „TER plus vermutete Handelsgebühren" lässt darauf schließen, dass die tatsächlichen
laufenden Gebühren bei Aktienfonds häufig höher als 3 Prozent und damit doppelt so hoch wie offiziell ausgewiesen
sind. Kommen noch erfolgsabhängige Gebühren hinzu, ist
schnell auch mal die 5-Prozent-Grenze überschritten.

**Tatsächliche Gebühren
bei Aktienfonds
vermutlich doppelt so
hoch wie ausgewiesen**

Damit erscheint die Tatsache, dass ein großer Teil der Fondsmanager langfristig dem Vergleichsindex hinterherhinkt, in
einem anderen Licht. Das Problem sind weniger vermeintlich inkompetente Fondsmanager, sondern die immensen
Kostennachteile, die erst einmal durch Überrenditen – oft in
Verbindung mit riskanten Anlagestrategien – kompensiert
werden müssen.

Aktien- und Fondsrendite:
der große Unterschied

Wenn es darum geht, einem Anleger Investmentfonds schmackhaft zu machen, werden gern die Wertentwicklungen der Aktienmärkte herangezogen – beispielsweise der deutsche Aktienindex DAX oder der Euroland-Aktienindex Euro STOXX. In schönen und bunten Grafiken wird Ihnen dann gezeigt, wie die Kurse im Lauf der Jahrzehnte gestiegen sind.

Das Dumme daran ist nur: Aufgrund der eingangs beschriebenen Kosten kommt nur ein Teil der Gewinne bei den Fondsanlegern an. Nehmen wir einmal an, Sie würden für 2.500 Euro Anteile an einem Aktienfonds mit 5 Prozent Ausgabeaufschlag kaufen. Dann kämen darüber hinaus die folgenden jährlichen Kosten auf Sie zu:
- 30 Euro für die Führung des Wertpapierdepots bei Ihrer Hausbank sowie
- 1,5 Prozent Verwaltungsgebühren des Fonds.

Sie halten die Fondsanteile über einen Zeitraum von fünf Jahren, in dem die Aktien innerhalb des Fonds eine Rendite von 6,5 Prozent erzielt haben. Nicht schlecht, denken Sie – und sind womöglich verblüfft oder gar enttäuscht, wenn Sie nachrechnen, was Ihnen am Ende davon bleibt.

Nachrechnen lohnt sich   Zunächst einmal wurden nach Abzug des Ausgabeaufschlags nur 2.381 Euro auch tatsächlich am Aktienmarkt investiert. Weil Jahr für Jahr 1,5 Prozent Verwaltungsgebühr und 1,2 Prozent Depotgebühr (das entspricht den jährlichen 30 Euro im Verhältnis zur Anlagesumme) berechnet werden, erzielt das am Aktienmarkt befindliche Kapital nur noch eine Rendite von 3,8 Prozent. Damit beträgt das Guthaben nach fünf Jahren 2.869 Euro. Weil Sie jedoch vor Abzug des Ausgabeaufschlags 2.500 Euro an die Fondsgesellschaft überwiesen haben und diese Gebühren auch noch über die Anlagedauer verteilen müssen, bleibt Ihnen von den

6,5 Prozent Jahresgewinn am Aktienmarkt nur noch eine
Nettorendite von 2,79 Prozent übrig.

> **[ ] Tipp: Verlangen Sie konkrete Berechnungen**
>
> Lassen Sie sich bei Investmentfonds nicht von schönen Zahlen blenden,
> sondern verlangen Sie vom Finanzvermittler oder Bankberater, dass er Ihnen
> auf Basis Ihrer geplanten Geldanlage die Netto-Rendite unter Berücksichtigung
> von Fondsgebühren, Ausgabeaufschlag und Depotgebühr berechnet. Und dann
> sollten Sie sich überlegen, ob Sie für diese doch oft mageren Renditeaussich-
> ten das Risiko stark schwankender Börsenkurse wirklich eingehen wollen. Eine
> kostensparende Alternative können börsengehandelte Indexfonds (ETFs) sein.
> Wie diese Anlageprodukte funktionieren, erfahren Sie ab Seite 156.

Nettopolice und Honorar- vereinbarung – wie Versicherungs- vermittler abkassieren

Frechheit siegt – nach diesem Motto scheinen manche
Lebensversicherungsvertriebe zu agieren, wenn es darum
geht, Provision vom Kunden zu kassieren. Ärgerlich genug ist
es schon, dass bei Lebens- und Privatrentenversicherungen
über die Zillmerung die Vertriebskosten (sprich: Provisionen)
dem Anleger gleich wieder aus der Tasche gezogen werden.

Nun gibt es einige Versicherungsvertriebe, die behaupten,
ganz anders zu sein. Nämlich: Bei den zumeist fondsgebundenen Kapitallebens- und Rentenversicherungen handelt es
sich um sogenannte Nettopolicen, bei denen von der Sparrate keine interne Verkaufsprovision abgezweigt wird. Im Gegenzug schließt der Vermittler mit dem Anleger eine direkte
Honorarvereinbarung ab und lässt sich für den Abschluss

Nettopolicen: wirklich vorteilhafter für den Kunden?

des Versicherungssparvertrags vom Kunden direkt eine Vermittlungsgebühr bezahlen.

Auf den ersten Blick scheint dies eine prima Idee zu sein. Die Aufwendungen für die Verkaufsprovisionen werden klar von der Kapitalanlage getrennt, und der Anleger weiß, welche Gebühren für die Vermittlung des Finanzprodukts anfallen. Ist es nicht das, was die Verbraucherzentralen schon immer fordern?

Nettopolicen: Abzocke unter Deckmantel des Verbraucherschutzes

Diese Vorgehensweise wäre seriös, wenn der Anbieter unabhängig davon, ob ein Sparvertrag abgeschlossen wird, ein zeitbezogenes Honorar für eine kompetente und neutrale Beratung verlangen würde. Aber so, wie die Nettopolicen-Masche abgezogen wird, kassieren die Anbieter unter dem Deckmantel von Transparenz und Verbraucherschutz ihre Kunden nur noch ungenierter ab.

Statt eines Beratungshonorars – denn da müsste ja auch in der Tat eine halbwegs kompetente und produktunabhängige Beratung erfolgen – stellen die Vermittler dem Kunden ein „Vermittlungshonorar" in Rechnung. Dessen Höhe hängt vom Gesamtbetrag der voraussichtlichen Einzahlungen ab und beträgt zuweilen 7 bis 8 Prozent der Gesamt-Einzahlungen. Zum Vergleich: Bei der herkömmlichen Lebens- oder Privatrentenversicherungen werden bis zu 4 Prozent an Vertriebskosten einkalkuliert.

Überteuerte Honorarforderungen werden kleingerechnet

Bei einer monatlichen Sparrate von 150 Euro und 25 Jahren Laufzeit kommen schnell rund 3.500 Euro zusammen. Damit man gegenüber dem Kunden die maßlos überteuerte Honorarforderung kleinrechnen kann, wird das Geld meistens in bis zu 60 Monatsraten kassiert. Damit wird der Verbraucher, der arglos die Honorarvereinbarung unterschreibt, gleich mehrfach über den Tisch gezogen:

■ Weil die horrende Gebühr in den Verträgen nicht als Beratungshonorar, sondern als „Provisionsvereinbarung" oder „Vermittlungshonorar" dargestellt wird, kann sich der Kunde nicht darauf berufen, dass überhaupt keine objektive Beratung stattgefunden hat.

■ Wird eine herkömmliche Versicherung nach wenigen Monaten wieder gekündigt, dann verliert der Anleger nur die bereits gezahlten Raten und der Vermittler muss im Rahmen der sogenannten Stornohaftung einen Teil seiner Provision wieder zurückzahlen. Die Provision der Nettopolice muss hingegen in voller Höhe gezahlt werden, selbst wenn der Sparvertrag schon nach zwei oder drei Monaten wieder aufgelöst wird.

■ Die Provisionsvereinbarung muss meist gesondert unterschrieben werden. Daher ist es für Anleger oft schwierig, sich auf juristischem Weg gegen die Abzocke zu wehren.

Ein für Anleger positives Urteil hat ein Anwalt aus Nordrhein-Westfalen für seine Mandantin erstritten. Die Frau hatte einen Nebenjob beim Excalibur-Finanzvertrieb angetreten, der Nettopolicen von der luxemburgischen Versicherung Atlanticlux unters Volk brachte. Wie bei Strukturvertrieben üblich, wurde die Frau angehalten, zunächst einmal selbst eine fondsgebundene Versicherung abzuschließen und dann ihren Bekannten- und Verwandtenkreis abzuklappern. Nachdem sie gemerkt hatte, dass weder der Nebenjob noch die Versicherungspolice zu ihr passten, kündigte sie den Sparvertrag – und dann kam die böse Überraschung: Trotz Einstellung der Sparraten sollte sie noch fast 3.800 Euro als „Vermittlungshonorar" ratenweise zahlen.

Anwalt ersparte Mandantin horrende Vermittlungskosten

Dagegen wehrte sich die Betroffene vor Gericht und bekam in der zweiten Instanz vor dem Landgericht Wuppertal Recht (Urteil vom 4.8.2011, Az. 9 S 99/10). Begründung: Weil die Anlegerin eine riskante Anlagestrategie ausgewählt hatte, nicht aber vom Vermittler über die Risiken aufgeklärt worden war, sei der Beratungsvertrag fehlerhaft und damit auch die Provision hinfällig.

✖ Vorsicht!

Die Rechtsprechung zu Nettopolicen ist nicht einheitlich, sodass Sie nicht davon ausgehen können, im Fall einer Vertragskündigung die Provisionszahlungen per Gerichtsurteil stoppen zu können. Hüten Sie sich daher, gegenüber einem Finanzvermittler eine Provisionsvereinbarung zu unterschreiben. Wenn Sie Geld in Investmentfonds anlegen wollen, gibt es dafür weitaus kostengünstigere und weniger riskante Möglichkeiten.

Kleinvieh macht auch Mist: Kontogebühren beim Baukredit

Auch kleine Beträge haben große Auswirkungen

Beim Hausbau oder dem Erwerb einer Wohnung geht es um viel Geld. Da werden kleine Beträge angesichts sechsstelliger Summen bei Kaufpreis und Baukredit schon mal vernachlässigt. Das haben sich etliche Banken zunutze gemacht, um mit scheinbar geringfügigen Gebühren den Kunden noch ein bisschen mehr abzukassieren.

Während Anlagekonten in aller Regel kostenlos geführt werden, ist das bei Immobiliendarlehen längst nicht immer der Fall. Zunächst erscheinen die monatlichen Gebühren für die Führung des Darlehenskontos zu niedrig, als dass es sich lohnen würde, bei der Bank zu reklamieren – wer will schon als kleinlich dastehen, weil er einen oder zwei Euro pro Monat nicht zahlen will …

Kontoführungsgebühren für Baudarlehen unzulässig

Doch auch bei kleinen Gebührenposten ist die Frage erlaubt, ob deren Erhebung überhaupt rechtens ist. Die Verbraucherzentrale NRW hat sich der Darlehens-Kontogebühr angenommen und am 7. Juni 2011 vor dem BGH ein höchstrichterliches Urteil erstritten (Az. XI ZR 388/10). Die gute Nachricht für alle Darlehensnehmer: Kontoführungsgebühren für Baudarlehen sind unzulässig.

Die Bank hatte in ihrer Begründung angeführt, dass sie ähnlich wie beim Girokonto einen gewissen Aufwand für die Verwaltung des Darlehenskontos habe. Allerdings beschränkt sich dieser beim Darlehenskonto auf den Einzug der monatlichen Rückzahlungsraten und die jährliche Versendung des Darlehenskontoauszugs. Darüber hinaus erwirtschaftet die Bank auch ohne Kontoführungsgebühr ganz ordentliche Erträge aus den Darlehenszinsen.

Vor diesem Hintergrund hat der BGH geprüft, ob eine gesonderte Kontoführungsgebühr bei Darlehenskonten überhaupt gerechtfertigt ist. Dies wäre der Fall, so die BGH-Richter, wenn mit der Gebühr eine außerplanmäßige Sonderleistung der Bank honoriert werden würde. Allerdings zählen die Kontoführung und die jährliche Rechnungslegung gegenüber dem Kunden sowieso zu den Pflichtaufgaben der kreditgebenden Bank. Da dieser Aufwand bereits durch den Zins abgegolten ist, darf dafür nicht nochmals eine Extragebühr in Rechnung gestellt werden.

Keine Gebühren für Pflichtaufgaben erlaubt

[ ] Tipp: Prüfen Sie Ihr Darlehenskonto auf Gebührenabbuchung

Das Kalkül etlicher Banken, mit den scheinbar kleinen regelmäßigen Extragebühren für die Kontoführung beim Darlehen zusätzliche Einnahmen zu generieren, wird damit in Zukunft nicht mehr aufgehen. Allerdings kommen die Geldinstitute ihrer Pflicht zur Abschaffung der unzulässigen Gebühr nicht immer freiwillig nach. Wenn Sie beim Prüfen Ihrer Darlehenskontoauszüge feststellen, dass die Bank immer noch Gebühren verlangt, sollten Sie sich schriftlich und mit Hinweis auf das BGH-Urteil dagegen wehren. Dabei können Sie nicht nur verlangen, dass die Bank künftig keine Gebühren mehr berechnet und in aller Regel auch die in den vergangenen drei Jahren berechneten Gebühren zurückfordern.

Ein Muster für den Brief, mit dem Sie Kontoführungsentgelte zurückfordern können, finden Sie auf Seite 50.

Musterbrief: Rückforderung Kontoführungsentgelte

Absender:
Michaela Muster, Musterweg 1, 99999 Musterstadt

An die
Bank XY

Datum:

Darlehensvertrag-Nr. .../hier: Kontoführungsentgelt

Sehr geehrte Damen und Herren,

im Zusammenhang mit der oben bezeichneten Finanzierung haben Sie mir für die Kontoführung ein Entgelt in Höhe von ... Euro monatlich berechnet. Damit bin ich nicht einverstanden.

Die Berechnung des Entgelts ist nicht zulässig, da Sie keine Leistung erbracht haben. Die Abrechnung des Darlehens erfolgt allein in Ihrem Interesse.
Der Bundesgerichtshof hat mit Urteil vom 7.6.2011, Az. XI ZR 388/10, das Kontoführungsentgelt für unwirksam erachtet.

Ich fordere Sie deshalb auf, die einbehaltenen Entgelte nebst 4 Prozent Zinsen p. a. seit deren Berechnung bis zum (hier Frist von drei Wochen setzen und einzusetzendes Datum im Kalender ermitteln) auf mein Konto .... zu überweisen.

Mit freundlichen Grüßen

(Unterschrift)

Lockangebote: Was die Sternchenwerbung verspricht *

* ... aber längst nicht immer hält.

Kostenlose Girokonten, Minizinsen für Kredite, Traumzinsen
für Kapitalanlagen – was Banken und Sparkassen im Schau-
fenster präsentieren, hat am Ende mit der Realität oft nicht
mehr viel zu tun. Besonders vorsichtig sollten Sie sein, wenn
irgendwo in der reißerischen Anpreisung des Angebots ein
Sternchen zu sehen ist. Was dann ganz klein gedruckt in der
Fußnote steht, holt das scheinbare Überflieger-Angebot ganz
schnell wieder auf den Boden der Tatsachen zurück.

Super Konditionen meist an Voraussetzungen gebunden

Letztlich ist bei Banken und Finanzdienstleistern immer
wieder eine Verkaufsmasche zu beobachten, wie sie auch
häufig im Handel praktiziert wird: Mit einer vordergründig
unschlagbaren Offerte sollen Kunden angelockt werden,
doch das Produkt ist nur zu den angepriesenen Konditionen
erhältlich, wenn ganz bestimmte Voraussetzungen erfüllt
sind. Aber das erste Etappenziel ist schon erreicht, wenn der
Kunde die Geschäftsräume betritt oder einen Gesprächs-
termin vereinbart. Dann nämlich sind aus Sicht des Finanzdienstleisters die Chancen groß, bei geschickter Führung
des Verkaufsgesprächs am Ende einen unterschriebenen
Vertrag in der Hand zu halten.

Kostenlose Girokonten – aber nicht für jeden

„Kostenloses Girokonto plus Kreditkarte*", warb im
März 2012 die Postbank auf ihrer Internetseite. Das Sternchen ist kein Druckfehler, sondern gehört zum Werbespruch.
Denn: In der Fußnote zeigt sich, was das Geldinstitut unter
einem kostenlosen Angebot versteht. Dort schreibt die Postbank: „Unser Girokonto ist für alle Privatkunden mit einem

monatlichen bargeldlosem Geldeingang ab 1.000 Euro
kostenlos, sonst 5,90 Euro/Monat. Für Studenten und Auszu-
bildende ist es unabhängig vom Geldeingang kostenlos. Die
VISA Card ist im ersten Jahr entgeltfrei, danach 22 Euro/Jahr."

Damit schnappt die Kostenfalle genau dann zu, wenn man
das Geld am nötigsten braucht. Zum Beispiel wenn der
Kontoinhaber arbeitslos wird und sein Einkommen unter die
1.000-Euro-Grenze rutscht. Da verteuert sich die Kontoführung in nur einem Jahr von 0 auf 70,80 Euro.

Mit solchen Kontomodellen, die nur in wenigen Fällen wirklich kostenlos sind, ist die Postbank kein Einzelfall. Noch def-
tiger langte zum selben Zeitpunkt die Commerzbank zu, die
bei weniger als 1.200 Euro Monatseingang gleich 9,90 Euro
Kontoführungsgebühr pro Monat kassierte. Quer durch
alle Bankengruppen – private Banken, Sparkassen und Genossenschaftsbanken – zieht sich die Unsitte, Kunden mit
Gratiskonten zu ködern, die am Ende doch auf einmal Kosten
verursachen können. Die beliebtesten Tricks dabei:

Ködern mit sogenannten Gratiskonten

- **Gebührenfrei nur für Azubis.** Das sind die berühmt-berüchtigten „Junior-Konten", für die mit großem Werbege-
  töse junge Leute geworben werden. Aber wenn die Ausbildung oder das Studium absolviert ist und das erste Gehalt
  kommt, hält die Bank plötzlich die Hand auf und verlangt
  Kontogebühren.
- **Gebührenfrei nur mit Geldeingang.** Ähnlich wie die Postbank im geschilderten Beispiel machen auch manche anderen Banken die Gebührenfreiheit des Girokontos davon
  abhängig, dass monatlich ein bestimmter Mindestbetrag
  eingeht. Zuweilen lautet die Vorgabe sogar, dass es sich
  dabei um eine Gehaltszahlung handeln muss – der Freiberufler, der Monat für Monat einen regelmäßigen Betrag
  für den persönlichen Verbrauch auf sein Privatkonto überweist, schaut dann in die Röhre.
- **Gebührenfrei nur bei Online-Kontoführung.** Wer seine
  Geldgeschäfte übers Internet abwickelt, kann mit der Um-

stellung auf ein Online-Konto Gebühren sparen. Doch wehe, wenn einmal eine beleghafte Buchung in Form einer Papierüberweisung oder einer Scheckeinreichung erfolgt: Dann verlangen manche Banken ein Mehrfaches der Gebühren, die für dieselbe Dienstleistung beim klassischen Kontomodell aufgerufen werden. Beispiel Südwestbank, Stand März 2012: Während eine beleghafte Buchung im herkömmlichen Kontomodell 30 Cent kostet, verlangt die Bank von ihren Online-Kunden im gleichen Fall satte 3 Euro.

So manche Bank setzt mit ihrer Preispolitik bei der Kontoführung darauf, dass der Kunde lieber zähneknirschend zahlt, als den Papierkrieg in Kauf zu nehmen, der mit dem Wechsel der Hausbank verbunden ist. Insbesondere bei den kostenlosen Azubi- und Studentenkonten wird kühl kalkuliert: Mit dem Abschluss der Berufsausbildung hat der Kunde häufig schon so viele Daueraufträge und Lastschriften am Laufen, dass die Schmerzgrenze für Preiserhöhungen recht hoch ist.

> **[ ] Tipp: Langfristig denken**
>
> Egal ob es um Ihr eigenes Girokonto oder um das Junior-Konto für die Kinder geht: Lassen Sie sich bei der Wahl der kontoführenden Bank nicht von kurzfristigen Verkaufsförderungsaktionen blenden. Achten Sie darauf, dass das Konto ohne Wenn und Aber so kostengünstig wie möglich ist und es aller Voraussicht nach auch bei einer Änderung der Berufs- und Lebenssituation bleiben wird. Hilfreich ist dabei auch ein Blick darauf, wie die Bank in der Vergangenheit ihre Preispolitik gestaltet hat. Dort, wo preisgünstige Kontomodelle zur Tradition zählen, ist oft die Chance recht hoch, dass damit kurzfristig nicht gebrochen wird.

Traumzinsen – mit Nachteilen

Vor allem in Phasen niedriger Zinsen versuchen Banken und Sparkassen, mit sogenannten Kombi-Angeboten neue Kunden zu locken. Der erste Teil der Offerte ist außergewöhnlich hoch verzinstes Tages- oder Festgeldkonto. Manchmal beträgt der Zinssatz mehr als das Doppelte des marktüblichen Zinses – scheinbar ein unwiderstehliches Angebot.

Doch im zweiten Teil kommt der Haken an der ganzen Sache. Zwar ist der Zins ein echter Hingucker – aber an das Super-zins-Tagesgeld oder Festgeld Zins kommt der Kunde nur, wenn er seinen Anlagebetrag gesplittet in zwei Töpfe investiert. Denn die Bedingungen für den überdurchschnittlichen Zins sehen folgendermaßen aus: Nur die Hälfte des Anlagebetrags geht aufs Tages- oder Festgeldkonto, die andere Hälfte muss in einen Investmentfonds aus der vorgegebenen Fondspalette der Bank investiert werden. Darüber hinaus gibt es den hohen Zins nur für einen begrenzten Zeitraum, beispielsweise für drei oder sechs Monate. Danach gelten die Standardkonditionen.

Aus finanzplanerischer Sicht sind solche Kombinationen blanker Unsinn. Denn während ein Tages- oder Festgeldkonto für das kurzfristige und risikoarme Sparen auf Anschaffungen geeignet ist, dienen die risikobehafteten Investmentfonds nur dem langfristigen Vermögensaufbau. Hatten Sie sich für Ihr Kapital sowieso eine solche Verteilung vorgestellt, mag das Angebot für Sie passen. Die Erfahrungen aus der Beratungspraxis der Verbraucherzentralen zeigen allerdings, dass es häufig eher konservative Sparer sind, die sich mit solchen Lockangeboten plötzlich verleiten lassen, in risikobehaftete Geldanlagen zu investieren.

Gerade konservative Sparer fallen auf Lockangebote herein

Selbst wenn für Sie ein Wertpapierinvestment infrage kommt, sollten Sie das Fondsangebot kritisch unter die Lupe nehmen:

- Welche Fonds werden angeboten?
- Wie haben die Fonds in der Vergangenheit im Vergleich zum dazugehörigen Aktien- oder Rentenindex abgeschnitten?
- Erlässt man Ihnen den Ausgabeaufschlag komplett oder wenigstens zur Hälfte, wenn Sie die Fondsanteile kaufen?
- Die Fonds müssen auf einem Depotkonto verbucht werden. Ist die Depotführung kostenlos?

Wenn Ihnen die Antworten auf diese wichtigen Fragen vorliegen, werden Sie oftmals schnell erkennen, dass der Extra-
zins schneller, als Ihnen lieb ist, von den Fondsgebühren
wieder aufgefressen wird.

Beispiel:

Sie sollen 10.000 Euro in ein Kombi-Produkt investieren, wobei der
Festzins für 6 Monate 4,5 Prozent beträgt. Danach sinkt der Zinssatz
auf 1 Prozent. Der Fonds ist mit einem Ausgabeaufschlag von 5 Prozent verbunden. Das Anlagekapital muss je zur Hälfte in die beiden
Töpfe investiert werden. Nach einem Jahr haben Sie einen Zinsertrag
von 137,50 Euro, während der Fonds Kosten von 250 Euro verursacht
hat. Selbst wenn der Fonds einen Ertrag von 3 Prozent erwirtschaftet
hätte, würde im ersten Jahr unterm Strich gerade mal ein Reinerlös
von 37,50 Euro übrig bleiben. Hätten Sie einfach ein gutverzinstes
Tagesgeld gewählt, das Ihnen für ein Jahr lang 1,5 Prozent Zinsen bietet, dann hätten Sie ohne Nebenkosten und ohne Anlagerisiko einen
Zinsertrag von 150 Euro erwirtschaftet.

[ ] Tipp: Genau rechnen

Bei Kombi-Anlageangeboten gibt es in aller Regel zwei entscheidende
Knackpunkte: die Nebenkosten des Fondsinvestments und die Mager-
zinsen nach dem Auslaufen der Sonderzins-Frist. Lassen Sie sich daher
von solchen Aktionen nicht blenden, sondern rechnen Sie mit spitzem
Bleistift alle Nebenkosten ein. Das Ergebnis dürfte in vielen Fällen ähnlich aussehen wie im oben geschilderten Beispiel.

Ein weiterer beliebter Trick besteht darin, bei Sparanlagen mit
steigendem Zins nur den Endzins zu nennen. „Bis zu 5 Prozent Zinsen", wirbt dann beispielsweise die Bank für ihre
fünfjährige Geldanlage. Aber wie viel kommt dabei heraus,
wenn es im ersten und zweiten Jahr jeweils 1,5 Prozent, im
dritten Jahr 2,5 Prozent, im vierten Jahr 3,5 Prozent und erst
im letzten Jahr den angepriesenen Zins von 5 Prozent gibt?

Die Rechnung ergibt: Wer 1.000 Euro anlegt, bekommt nach
fünf Jahren 1.147,59 Euro zurück. Das entspricht einer jähr-

lichen Durchschnittsrendite von 2,79 Prozent – so weit können Werbung und Wirklichkeit auseinanderklaffen.

Auch Prämiensparverträge bieten eine hervorragende Möglichkeit, um Minirenditen in eindrucksvolle Zahlen zu verpacken. Dabei handelt es sich um Ratensparverträge mit niedriger variabler Grundverzinsung und einem laufzeitabhängigen Bonus. Die Kreditinstitute zahlen neben der Grundverzinsung als „Bonbon" entweder nach jedem Laufzeitjahr oder am Ende der Gesamtlaufzeit einen Zinsbonus. Wie hoch dieser ausfällt, richtet sich nach der Dauer der Laufzeit. Faustregel: Je länger die Spardauer ist, desto höher fällt der Bonus aus.

Zahlenspiele bei Prämiensparverträgen

Dabei lässt es sich natürlich hervorragend mit Zahlen jonglieren. Je nachdem, ob sich die Extrazahlung auf die eingezahlten Beiträge oder nur auf die Grundverzinsung bezieht und ob der Bonus jedes Jahr oder nur einmalig bei der Auflösung des Guthabens gezahlt wird, kommen ganz unterschiedliche Endsummen heraus.

Je nach Konstruktion sehr unterschiedliche Ergebnisse

Im Folgenden finden Sie drei vollkommen verschiedene Beispiele für eine Spardauer von fünf Jahren, von denen keines zu den „Exoten" zählt. Weil der Vergleich schon bei unveränderten Marktkonditionen eine knifflige Angelegenheit ist, wird vereinfachend unterstellt, dass sich die variable Verzinsung während der Laufzeit nicht ändert.

- Angebot 1: Hier erhalten Sie einen variablen Grundzins von 1,25 Prozent. Dazu kommt folgende Bonusstaffel: 0 Prozent im ersten Jahr, 1 Prozent im zweiten, 2 Prozent im dritten, 4 Prozent im vierten und 6 Prozent im fünften Jahr. Der Bonus wird jeweils am Jahresende ausschließlich auf die in den zwölf Monaten zuvor geleisteten Einzahlungen gutgeschrieben.
- Angebot 2: Der Grundzins beträgt 1,6 Prozent, dazu kommt ein „Zinsbonus" von 50 Prozent nach fünf Jahren.

Das ist so zu interpretieren, dass der Grundzins rückwirkend um den Bonussatz erhöht wird.

- Angebot 3: Hier gibt es nur eine gleichbleibende Verzinsung von 2,5 Prozent. Bonuszahlungen sind nicht vorgesehen.

Damit sieht der Vergleich wie folgt aus:

	Angebot 1	**Angebot 2**	**Angebot 3**
Monatsrate	50 Euro	50 Euro	50 Euro
Laufzeit	5 Jahre	5 Jahre	5 Jahre
Sparleistung	3.000 Euro	3.000 Euro	3.000 Euro
Endguthaben	3.175,60 Euro	3.188,42 Euro	3.196,50 Euro
Effektivzins	2,24 %	2,40 %	2,50 %

Überraschenderweise schneidet trotz des vermeintlich großzügigen Zinsbonus das zweite Angebot recht mau ab. Der einfache Trick der Bank: 50 Prozent von 1,6 Prozent ergeben 0,8 Prozent – und damit wird nur der niedrige Grundzins um die Hälfte auf 2,4 Prozent erhöht. Auf diese Weise kann man kleine Almosen in der Werbung groß herausstellen.

Kritikwürdige Kreditgeschäfte

Sorgloser Umgang mit Krediten führt rasch in Schuldenfalle

Schulden sind eine zwiespältige Sache. Auf der einen Seite gibt es kaum einen Haushalt, der nicht irgendwann einmal einen Kredit für den Kauf eines Eigenheims oder für größere Investitionen wie den Autokauf benötigt. Auf der anderen Seite kann der sorglose Umgang mit Krediten schnell in die Schuldenfalle führen.

Vor allem auch im eigenen Interesse sollten Banken daran interessiert sein, ihren Kunden faire Konditionen anzubieten und mit der Kreditvergabe verantwortungsvoll umzugehen. Immerhin trägt eine umsichtige Kreditvergabepolitik dazu bei, die Ausfallrisiken zu senken und die Kundenzufriedenheit zu erhöhen. Doch diesem Anspruch werden die Geldinstitute längst nicht immer gerecht.

Köder-Zinsen bei Ratenkrediten

Banken zur klaren Angabe des Effektivzinses verpflichtet

Eigentlich gelten seit dem 11. Juni 2010 klare Spielregeln, wenn es um Werbung für Konsumentenkredite geht. Zu diesem Zeitpunkt trat eine Neuregelung der Preisangabenverordnung (PAngV) in Kraft, mit der die europäischen Vorgaben zur Transparenz bei der Werbung für Ratenkredite umgesetzt wurden. Damit wurden Banken verpflichtet, den Effektivzins ihrer Angebote in „klarer, verständlicher und auffallender Weise" anzugeben. Und: Wenn eine Bank je nach Kundenbonität verschiedene Zinssätze verlangt, dann muss sie ein repräsentatives Beispiel mit einem Zinssatz veröffentlichen, den mindestens zwei Drittel der Kunden auch tatsächlich erhalten können.

Doch längst nicht jede Bank setzte die gesetzlichen Vorgaben freiwillig um. Nach Einführung der neuen Regelungen verklagte der Verbraucherzentrale Bundesverband die CreditPlus-Bank wegen ihrer Lockzins-Werbung für Kredite. Das Geldhaus hatte im Internet für einen „Sofortkredit ab 3,59 Prozent effekt. Jahreszins" geworben. Erst durch Klick auf das darunter befindliche Zeichen (i) öffnete sich ein weiteres Fenster mit dem repräsentativen Beispiel. Dafür gab die Bank einen Effektivzins von 8,99 Prozent an. Außerdem ging erst aus der Zusatzinformation hervor, dass der Effektivzins für den Kredit sogar bis zu 12,99 Prozent betragen kann.

Die Richter am Landgericht Stuttgart sahen in der Werbung einen Verstoß gegen die Preisangabenverordnung und verurteilten die Bank zur Unterlassung der umstrittenen Werbung (Urteil vom 22.9.2011, Az. 17 O 165/11 – nicht rechtskräftig). Eine effektive Information des Verbrauchers sei nur gewährleistet, wenn dieser nicht nur den niedrigsten, sondern auch den höchsten Effektivzins für den angebotenen Kredit kennt. Die Bank dürfe daher nicht mit einem „Ab"-Zinssatz werben, sondern müsse die Spanne der Effektivzinssätze angeben. Außerdem stellten die Richter klar, dass auch das repräsentative Kreditbeispiel in auffallender Weise erfolgen muss. Das sei nicht der Fall, wenn das Beispiel erst durch ein weiteres Klicken auf dem Bildschirm erscheint.

Urteil: Verbraucher muss auch höchsten Effektivzins eines Kredits erfahren

Allerdings steht bislang noch ein höchstrichterliches Urteil aus, in dem der Bundesgerichtshof festlegt, was Banken in der Ratenkreditwerbung tun dürfen und was nicht. Und so sind auch nach diesem Urteil Kreditangebote auf dem Markt, in denen die Bank einen besonders günstigen Zinssatz herausstellt und erst in der Sternchen-Fußnote darauf hinweist, dass je nach Bonitätseinstufung möglicherweise mehr als der doppelte Zinssatz kassiert wird.

Immer noch Kreditangebote mit Sternchen-Fußnote, weil höchstrichterliches Urteil fehlt

Weil Sie bei solchen Banken die für Sie geltenden Konditionen erst erfahren, wenn Sie eine individuelle Konditionenanfrage stellen, lauert neben der Intransparenz noch eine weitere Falle auf Sie. Kennzeichnet der Kreditsachbearbeiter Ihre Anfrage

versehentlich als Kreditanfrage anstatt als Konditionenanfrage, dann gibt es eine entsprechende Meldung an die
Schufa. Die Anfrage gilt zwar nicht als Negativmerkmal,
kann jedoch Ihre Einstufung vorübergehend verschlechtern,
sodass Sie im ungünstigsten Fall beim Abschluss bei einer
anderen Bank Probleme bekommen.

[ ] **Tipp: Nur Banken mit einheitlichem Zinssatz für alle Kunden
in Erwägung ziehen**

Meiden Sie bei der Ratenkreditaufnahme die Angebote von
Banken, in denen bonitätsabhängige Zinsen in Rechnung gestellt werden. Erst wenn Sie sensible persönliche Daten wie
Name und Adresse, Alter, Beschäftigungsverhältnis, Familien-
stand und Einkommen preisgeben, werden Sie dort über die
konkreten Zinskosten informiert. Viel einfacher und sicherer
ist es hingegen, bei der Auswahl nur Banken mit einheitlichem
Zinssatz für alle Kunden zu berücksichtigen. Dann können Sie
die Standardzinsen vollkommen anonym vergleichen und gezielt
bei der günstigsten Bank einen Kreditantrag stellen.

Kartenkredite:
die teure Shopping-Verführung

Kreditkarten mit echter Kreditfunktion erfreuen sich bei
Banken und Finanzdienstleistern zunehmender Beliebtheit.
Immer mehr Kartenanbieter offerieren ihren Kunden nicht
nur die monatliche Abbuchung der abzurechnenden Beträge, sondern bei finanziellen Engpässen gleich noch den
Kredit zum Abstottern. Damit wird die Kreditkarte praktisch
wie das Girokonto mit einem Dispokredit ausgestattet: Der
Kunde erhält einen bestimmten Kreditrahmen und kann
diesen nach Belieben zurückzahlen. Vorgeschrieben sind

meist monatliche Mindestraten von 5 bis 10 Prozent des
Schuldenstands.

Ganz offensiv warb im Frühjahr 2012 die Postbank für ihre
Shopping-Kreditkarte. „Shoppen macht Spaß und manchmal
kann man eben nicht Nein sagen" – so animiert die Postbank ihre Kunden ganz unverblümt dazu, kräftig einzukaufen
und damit womöglich über ihre Verhältnisse zu leben. Wer
das Angebot in Anspruch nimmt, zahlt ordentlich dafür: Mit
einem effektiven Jahreszins von 11,46 Prozent ist der Karten-
kredit weitaus teurer als ein Raten- oder Abrufkredit.

Dazu kommt, dass bei manchen Anbietern der Kartenbe-
sitzer selbst aktiv werden muss, wenn er nicht will, dass
ihm der teure Kredit untergeschoben wird. Manche Kartenanbieter sehen nämlich nicht den standardmäßigen Einzug
des monatlichen Abrechnungsbetrags per Lastschrift vor,
sondern nur wahlweise 5 oder 10 Prozent des Rechnungs-
betrags. Wer nicht unfreiwillig teure Schulden machen will,
muss zusätzlichen Aufwand in Kauf nehmen und den offenen
Betrag manuell überweisen.

Eigeninitiative des Kreditkartenbesitzers erforderlich

Kreditzinsen von teilweise mehr als 15 Prozent sind in diesem Segment keine Seltenheit. Noch teurer wird es, wenn
darüber hinaus noch eine Restschuldversicherung abgeschlossen wird. Dann kann der tatsächliche Zins weit über
20 Prozent liegen.

Dass der Konsum auf Pump im Lauf der Zeit wichtige finanzielle Bereiche wie die Altersvorsorge oder den Erwerb von
Wohneigentum beeinträchtigt, zeigte im Jahr 2011 eine
Studie des Marktforschungsunternehmens Demos. Unter-
sucht wurde die Entwicklung von vergleichbaren Mittel-
standshaushalten mit und ohne Kreditkartenschulden in
den USA, wo Karten mit Kreditfunktion schon seit Längerem
im Umlauf sind: Haushalte mit Schulden auf dem Kreditkar-
tenkonto wiesen einen weitaus geringeren Anteil an Wohn-

Konsum auf Pump lässt wenig Raum für Altersvorsorge

eigentum und deutlich niedrigere Guthaben in der privaten Altersvorsorge auf.

[ ] **Tipp: Kredite nicht über Kreditkarten finanzieren**

Nehmen Sie bei Kreditkarten immer das reguläre Zahlungsziel in Anspruch, weil für diesen Zeitraum keine Zinsen in Rechnung gestellt werden. Wenn überhaupt eine kurzfristige Kredit-finanzierung nötig ist, dann sollten Sie lieber einen möglichst günstigen Abrufkredit oder einen kurzlaufenden Ratenkredit in Anspruch nehmen. Ohnehin ist die Führung einer zweiten Kredit-linie nicht nur teuer, sondern auch gefährlich. Denn: Je mehr verschiedene Kredite Sie in Anspruch nehmen, umso schneller verlieren Sie den Überblick – und das ist häufig der erste Schritt in die Überschuldung.

Beratungsfehler und Betrug

Nicht nur bei der Geldanlage, sondern auch bei der Kredit-beratung leisten sich Banker zuweilen grobe Schnitzer. So berichtet eine Düsseldorfer Anwaltskanzlei von einer in-zwischen über 80-jährigen Mandantin, die für die Unterstüt-zung ihrer behinderten Tochter einen Ratenkredit in Höhe von 4.000 Euro benötigte. Sie wandte sich an die Targobank und sah sich dort mit einer äußerst seltsamen Forderung

Unanständige Forderung der Targobank

konfrontiert: Sie solle im Gegenzug für die Gewährung des Ratenkredits eine Bürgschaft in Höhe von 27.000 Euro für einen Mitbewohner übernehmen, der kurz zuvor bei selbigem Kreditinstitut einen Ratenkredit aufgenommen hatte. Offenbar hatte der Targobank-Berater kalte Füße be-kommen, weil sich der Mitbewohner bereits in einem Pfän-dungsverfahren befand. Dazu kam noch eine Restschuld-versicherung, die zusätzliche Kosten in Höhe von mehr als 8.800 Euro verursachte.

Die Frau, die nach eigenen Angaben mit dem dreistündigen „Beratungsgespräch" überfordert war, unterschrieb ohne jegliche Sachkenntnis die ihr vorgelegten Formulare. Als ihr die vollkommen überzogenen finanziellen Verpflichtungen bewusst wurden, wandte sie sich an einen Anwalt und klagte gegen die Bank. Zu Recht, befand das Düsseldorfer Landgericht. Der Vertrag sei sittenwidrig und die Targobank habe einen klaren Schädigungsvorsatz an den Tag gelegt, schrieben die Richter dem Kreditinstitut ins Stammbuch.

Nicht viel besser erging es einem 80-jährigen Rentner, der bei seiner Hausbank einen kurzfristigen Überbrückungskredit über 7.000 Euro beantragen wollte. Angesichts seiner mageren Rente von knapp 850 Euro und der noch laufenden Finanzierungsrate für sein Eigenheim in Höhe von 350 Euro war nicht viel Spielraum drin. Doch anstatt auf die Bedürfnisse des Kunden einzugehen, machte die Bank einen äußerst skurrilen Vorschlag: Der Rentner solle 40.000 Euro aufnehmen und davon 30.000 Euro gleich in eine sofort beginnende private Rentenversicherung einzahlen. Die daraus resultierende Einkommensverbesserung sollte ihm helfen, den Gesamtkredit zurückzuzahlen.

Rentner offenbar beliebte Opfer

Obwohl bei näherer Prüfung klar erkennbar war, dass dieses abstruse Modell nicht funktionieren konnte, unterschrieb der Rentner die Verträge. Zur Freude der Bank, die nicht nur den Kreditzins kassierte, sondern obendrein für den Verkauf der Versicherung noch eine Provision von 1.200 Euro erhielt. Nun prüft die Verbraucherzentrale Nordrhein-Westfalen im Auftrag des Rentners, ob aufgrund eklatanter Beratungsfehler die Rückabwicklung der Verträge durchgesetzt werden kann. Bislang stellt sich die Bank quer: Sie habe, so ihre Stellungnahme, ausschließlich im Interesse des Kunden gehandelt.

Gutes Geschäft für die Bank auf Kosten des „Beratenen"

Besonders schlimm ist die Situation bei den Kreditvermittlern, die selbst kein Bankgeschäft betreiben, sondern Kredite an Banken weitervermitteln. Nicht zu verwechseln ist diese

Spezies mit den seriösen Adressen, zu denen beispielsweise die großen Vermittlungsportale für Baufinanzierungen
zählen. Betrügerische Kreditvermittler sind häufig als Einzel-
unternehmer oder in ähnlich wie Drückerkolonnen strukturierten Organisationen unterwegs und suchen sich gezielt
Opfer aus, die bereits in finanziellen Schwierigkeiten stecken.

**„Schufafreie Kredite"
oft Lockangebote
von Betrügern**

Dabei werden den überschuldeten Menschen Möglichkeiten
in Aussicht gestellt, wie sie von ihren Krediten herunter-
kommen. Mit einer Umschuldung – wobei gern noch der
Begriff des „schufafreien Kredits" verwendet wird – sollen
die Schulden zusammengefasst und dank weitaus niedriger
Zinsen zügig getilgt werden. So weit, so verlockend. Aber für
ihre Bemühungen wollen die betrügerischen Vermittler erst
mal einen Honorarvorschuss, den die gutgläubigen Opfer
in der Hoffnung auf die Lösung ihrer finanziellen Misere
auch zahlen. Dann kommt es, wie es kommen muss: Der
Vermittler kassiert das Geld und verschwindet, während die
ohnehin schon notleidenden Schuldner auch noch das ge-
zahlte Honorar in den Wind schreiben können.

Offenbar funktionieren die betrügerischen Geschäfte mit der
Not überschuldeter Verbraucher wie geschmiert: Die Polizei-
statistik weist für das Jahr 2010 bundesweit 2.676 Fälle von
Kreditvermittlungsbetrug aus. Das ist im Vergleich zum Vorjahr ein Anstieg von 32 Prozent.

**[ ] Tipp: Abstand zu Kreditvermittlern
und Schuldenregulierern halten**

Wenn Ihnen die Überschuldung droht, sollten Sie so früh wie
möglich Rat bei einer Verbraucherzentrale oder bei einer banken-
unabhängigen Schuldnerberatung suchen, die in der Regel von
kirchlichen oder sozialen Verbänden getragen wird. Auch wenn es
auf den ersten Blick verlockend erscheint: Gehen Sie niemals
auf Angebote von gewerblichen Kreditvermittlern oder Schuldenregulierern ein.

**Abzocker
auf allen Ebenen**

Wenn es darum geht, mit unseriösen und teilweise sogar betrügerischen Methoden arglosen Anlegern das Geld aus der Tasche zu ziehen, werden manche halbseidene Akteure am Finanzmarkt so richtig kreativ. Vor allem am sogenannten grauen Kapitalmarkt, wo es kaum staatliche Aufsicht gibt, sind Abzocker aller Güteklassen unterwegs. Die Bandbreite reicht vom eilig umgeschulten „Finanzberater", der mangels Fachwissen selbst an die Seriosität der von ihm an Bekannte und Verwandte verkauften Finanzprodukte glaubt, bis hin zu professionell organisierten Finanzbetrügergruppen, die mit ausgefeilten Betrugssystemen Schäden in Millionenhöhe anrichten.

Die Verkaufsmaschen sind so unterschiedlich wie die Produkte: Mal wird ein Angebot als bombensicher und dabei überdurchschnittlich rentabel dargestellt, mal wird mit heißen Spekulationsgeschäften an den Spieltrieb des Anlegers appelliert und nicht selten stellen die Anbieter dem Investor in Aussicht, an einem einzigartigen und äußerst gewinnbringenden Investmentsystem teilzuhaben.

**Wenn das Geld weg ist,
sind meist auch
die Verkäufer fort**

So unterschiedlich die Illusionen sind, die dem Anleger beim Verkauf der unseriösen Anlageprodukte vorgegaukelt werden, so sehr gleichen sich die Bilder am Ende: Meist ist das Geld weg, und der Verkäufer ist entweder selbst pleite oder er hat sich mit dem ihm anvertrauten Geld ins Ausland abgesetzt. Vorzugsweise in eine der vielen Bananenrepubliken, wo er sich dann mit seinesgleichen in fröhlicher Runde darüber amüsieren kann, mit welchen Tricks sich nichtsahnende Zeitgenossen um ihr Erspartes prellen lassen.

Die großen Pleiten mit außerbörslichen Anleihen

Die Ausgabe von Anleihen ist für Unternehmen und Staaten eine interessante Alternative zur Kreditaufnahme bei der Bank. Das Geld wird dabei nicht von einem einzigen Kreditinstitut, sondern von einer Vielzahl an einzelnen Gläubigern – nämlich den Inhabern der Anleihe – aufgenommen. Wird eine Anleihe an der Börse notiert, ist sie praktisch ein handelbarer Schuldschein. Damit muss der Inhaber des Wertpapiers nicht bis zum Zeitpunkt der Fälligkeit warten, wenn er sein Geld wieder benötigt, sondern kann die Anleihe über die Börse an einen anderen Investor verkaufen.

Anleihen quasi handelbare Schuldscheine

Das alles ist natürlich überhaupt nicht unseriös, sondern viele Großunternehmen und Staaten verschaffen sich mit diesem Instrument geliehenes Geld. Doch gerade der gute Ruf der Anleihe als vergleichsweise sichere und gut kalkulierbare Anlagegattung hat auch Anbieter auf den Plan gerufen, mit deren Solidität es nicht zum Besten bestellt ist. Um den strengen Augen von Börsenaufsicht und Ratingagenturen zu entgehen, werden Anleihen mit fragwürdiger Bonität häufig nur im Direktverkauf und ohne anschließende Börsennotierung angeboten. Für den Anleger birgt dies neben dem bereits bestehenden Ausfallrisiko noch einen weiteren Nachteil: Weil die Papiere nicht über die Börse verkauft werden können, ist es dem Inhaber nicht möglich, sich während der Laufzeit bei schwindendem Vertrauen in das Unternehmen von den Anleihen über einen Verkauf zu trennen.

Anleihen guter und schlechter Schuldner auf dem Markt

„Von der Sonne profitieren!" So warb noch im Frühjahr 2011 das Solarstrom-Unternehmen Solar Millennium AG für seine Anleihe, die bei einer Laufzeit von fünf Jahren einen festen Jahreszins von 6,0 Prozent versprach. Das war zu jenem Zeitpunkt mehr als das Doppelte von dem, was sich mit sicheren Banksparbriefen oder Bundeswertpapieren erzielen ließ.

Insolvenz des Unternehmens bedeutet für Anleihekäufer meist Totalverlust

Gerade mal ein gutes halbes Jahr später war es dann vorbei mit der lukrativen Geldanlage, denn das hoffnungslos überschuldete Unternehmen meldete im Dezember desselben Jahres Insolvenz an. Statt sonnige Renditen einzustreichen, mussten Anleger nun den größten Teil ihrer vermeintlich sicheren Geldanlage in den Wind schreiben. Rund 16.000 Sparer hatten sich von den hohen Zinsen locken lassen und mit ihren Anleihekäufen dem maroden Unternehmen mehr als 200 Millionen Euro anvertraut.

Mit der spektakulären Pleite reihte sich Solar Millennium in die Liste der Unternehmen ein, die mit dem Direktverkauf von Hochzinsanleihen und der anschließenden Insolvenz Anlegergelder in Millionenhöhe vernichtet haben:

- Der ebenfalls im Bereich der regenerativen Energie tätige Projektentwickler EECH AG (2008),
- das Immobilien-Beteiligungsunternehmen First Real Estate AG (2007),
- die in Düsseldorf ansässige DM Beteiligungen AG, die nichts mit der ähnlich firmierenden Drogeriemarktkette zu tun hat (2006),
- die Wohnungsbaugesellschaft Leipzig AG (2006),
- das Beteiligungsunternehmen VermögensGarant AG (2005).

Aufwendige Werbung suggeriert Solidität

Insgesamt haben vor allem private Anleger mit den Anleihen und Genussscheinen dieser Firmen einen hohen dreistelligen Millionenbetrag verloren. Teils wurden solche Papiere über Vermittler an den Sparer gebracht, teils im Direktverkauf. Mit breit angelegten Werbesendungen, euphorisch formulierten Hochglanzprospekten und Anzeigenkampagnen wurde den Anlegern suggeriert, dass die außerbörsliche Unternehmensanleihe eine sinnvolle und renditeträchtige Alternative zum Sparbrief oder Festgeldkonto sei.

Als Argument für die scheinbare Solidität solcher hochriskanter Anleihen dient regelmäßig der Hinweis darauf,
dass das Unternehmen mit seinem gesamten Vermögen für
die Rückzahlung der Papiere geradesteht. Das mag zwar
formal richtig sein, ist aber in der Praxis meist weitaus weniger wert, als viele vermuten. Denn: Im Insolvenzfall müssen
sich die Anleihegläubiger ihre Ansprüche mit den Banken
und Lieferanten des Unternehmens teilen. Privilegiert sind
hierbei in aller Regel die Banken, die für ihre Kredite zumeist
Sicherheiten in Form von Grundschulden oder Pfandrechten
auf Maschinen oder Firmenwagen verlangen. Auf diese Vermögenswerte haben dann im Ernstfall die Inhaber von Anleihen keinen Zugriff mehr.

Vermögenshaftung des Unternehmens keine Garantie für Rückzahlung

Ob das Unternehmen wirklich solide ist, können in aller Regel nur Branchen- und Bilanzexperten verlässlich einschätzen. Private Anleger, die dieses Know-how nicht haben, müssen sich auf die Darstellung des Unternehmens verlassen.
Wie dreist dabei ein bereits schon marodes Unternehmen
zur sicheren Anlage aufgehübscht wird, zeigen die einstigen
Bilanzen des Pleiteunternehmens Wohnungsbaugesellschaft
Leipzig-West. Für die Anleihen, die im Jahr 2004 unters Volk
gebracht wurden, veröffentlichte das Unternehmen eine
Bilanz zum 31. Dezember 2002. Schon darin gab es Warn-
signale, die auf eine höchst dubiose Finanzierungsstrategie
des Konglomerats hinwiesen – denn obwohl sich die Firma
als Immobilienunternehmen präsentierte, machte das Immo-
bilienvermögen nur einen Bruchteil der bereits bestehenden
Anleiheschulden aus. 26 Millionen Euro waren an Immobilienbesitz ausgewiesen, der Löwenanteil des restlichen
Vermögens bestand aus Forderungen gegen Tochtergesellschaften und unternehmerische Beteiligungen.

Nur Branchen- und Finanzexperten können Solidität eines Unternehmens bewerten

Dem gegenüber standen gut 34 Millionen Euro Bankschul-
den, 16 Millionen Euro Verbindlichkeiten gegenüber Lieferanten sowie 111 Millionen Euro Verbindlichkeiten aus Anleihen.
Insgesamt machten Schulden und Verbindlichkeiten rund

93 Prozent der Bilanzsumme aus. Zwar betont das Unternehmen vollmundig, dass nach Gutachten von Immobilienschätzern rund 50 Millionen Euro an stillen Reserven in der Bilanz schlummerten, weil die Immobilien zu niedrigerem Wert als dem derzeitigen Marktpreis in der Bilanz stünden. Dass diese angeblichen Reserven eine Luftnummer waren, zeigte sich zwei Jahre später bei der Insolvenz.

Genussscheine besonders riskante Anlage

Noch riskanter als außerbörsliche Anleihen sind Genussscheine, die neben den Merkmalen einer Anleihe auch bestimmte Eigenschaften der Aktie mit sich bringen. Hier werden im Insolvenzfall die Inhaber ähnlich wie Aktionäre erst dann bedient, wenn alle Schulden komplett getilgt sind. Dazu kommt: Wenn der Jahresgewinn für die Zahlung der Zinsen für die Genussscheine nicht ausreicht, fällt diese aus. Zwar stellen viele Genussschein-Herausgeber ihren Investoren in Aussicht, dass in solchen Fällen der ausgefallene Zins in den Folgejahren nachgezahlt wird. Aber dafür muss erst einmal wieder ausreichend Gewinn erwirtschaftet werden.

Ein konkreter Fall aus dem Beratungsalltag der Verbraucherzentrale: Einem knapp 60-jährigen Gießereiarbeiter hatte ein Kollege den Kauf von Genussscheinen eines Beteiligungsunternehmens empfohlen – nicht ganz uneigennützig, denn als Mitarbeiter eines Strukturvertriebs erhielt dieser dafür eine üppige Provision. Weil der Gießereiarbeiter keine liquiden Mittel hatte, drängte ihn der Kollege dazu, seine

[ ] Tipp: „Gar nicht drauf eingehen!"

Wenn Ihnen eine Werbesendung mit einem Anleihe- oder Genussscheinangebot ins Haus flattert, sollten Sie diese einfach ignorieren und umgehend entsorgen. Gleiches gilt, wenn Ihnen ein Finanzvermittler solche „Wertpapiere" schmackhaft machen will. Die zahlreichen Pleiten der vergangenen Jahre haben bewiesen, dass bei diesen Geldanlagen der Totalverlust näher ist, als viele vermutet haben. Halten Sie sich mit Anleiheninvestments lieber an Bundeswertpapiere, Pfandbriefe und börsennotierte Anleihen von bekannten Großunternehmen oder kaufen Sie Anteile an entsprechenden Investmentfonds.

bestehende Lebensversicherung zu kündigen und das Geld in das vermeintlich lukrativere Genussschein-Investment umzuschichten. Das ernüchternde Resultat: Von den ursprünglich angelegten 47.000 Euro hat der Mann aufgrund von Wertminderungen bereits mehr als 60 Prozent verloren und muss damit einen großen Teil seiner privaten Altersvorsorge in den Wind schreiben.

Nicht über Kollegen oder Freunde kaufen

Totalverlust mit Termingeschäften

Für Anleger ein kleiner Lichtblick nach horrenden Verlusten: Im Spätherbst 2011 entschied der BGH, dass die bundeseigene Entschädigungseinrichtung für Wertpapierunternehmen den Anlegern des Pleiteunternehmens Phoenix Kapitaldienst nicht nur das tatsächlich angelegte Kapital pro Anleger, sondern auch die den Anlegern von Phoenix in Rechnung gestellten Provisionen zahlen muss (BGH vom 17.11.2011, Az. XI ZR 67/11). Damit sahen die Geschädigten zumindest einen Teil ihres Geldes wieder, das sie in der Hoffnung auf die in Aussicht gestellten zweistelligen Renditen bei der Wertpapierfirma angelegt hatten. Statt das Anlegergeld in ein angeblich bombensicheres Derivate-Anlagemodell zu investieren, hatte Phoenix ein betrügerisches Schneeballsystem hochgezogen, bei dem einfach die „Erträge" der bestehenden Investoren aus dem Geld der neuen Kunden gezahlt wurden. Dank des BGH-Urteils und der Pflichtmitgliedschaft von Phoenix in der staatlichen Sicherungseinrichtung sahen die Betroffenen zumindest bis zur Obergrenze von 20.000 Euro abzüglich des gesetzlich vorgegebenen Selbstbehalts von 10 Prozent ihr Erspartes wieder.

BGH-Urteil zugunsten der Opfer eines „Schneeballsystems"

Doch damit stellt der Fall Phoenix eher eine Ausnahme im windigen Geschäft mit Börsenspekulationen dar. Nicht selten wird das Geld der Investoren gleich in ein Steuerparadies transferiert, wo es im Betrugsfall für die deutsche Justiz praktisch keine Chance auf Pfändung oder Eintreibung gibt.

Aufwendige Täuschungsmanöver der Betrüger

Beliebte Zielgruppe der Spekulationsbetrüger sind Selbstständige und Freiberufler, die meist mit Telefonanrufen geködert werden. Dabei lassen die Anrufer häufig ein Tonband mit Börsengeräuschen im Hintergrund laufen, um den Anschein zu erwecken, sie seien „richtige" Börsenhändler und würden direkt vom Parkett aus anrufen. Dann wird der Angerufene gedrängt, eine vorgeblich einmalige Spekulationschance wahrzunehmen und sofort Geld zu investieren – sei es in Spekulationen auf Aktien, Devisenkurse oder Rohstoffe.

Anfangserfolge als Lockmaßnahme

Das Perfide daran: Wenn sich ein Verbraucher dazu überreden lässt und Geld überweist, macht er zumindest auf dem Papier in den ersten Tagen oder Wochen sogar einen hübschen Gewinn. Dann meldet sich der Anbieter wieder und fordert den Anleger auf, noch mehr Geld in dasselbe oder ein neues Geschäft zu stecken. Immerhin, so die Argumentation, sei die letzte Spekulation ja hervorragend gelaufen. Viele Opfer sind nun überzeugt und legen ein Mehrfaches der ursprünglichen Summe bei den Betrügern an. Erst jetzt wird die Schlinge zugezogen, das Geld ist weg und auch der vermeintliche „Börsenprofi" ist auf Nimmerwiedersehen verschwunden.

[ ] Tipp: Kein Geld an Unbekannte!

Lassen Sie sich niemals – weder am Telefon noch per E-Mail oder in einem persönlichen Gespräch – dazu verleiten, einem Unbekannten Geld anzuvertrauen. Schon gar nicht dann, wenn er mit Ihrem Geld Spekulationsgeschäfte eingehen will. Nach dem gesunden Menschenverstand müsste sich eigentlich die Frage stellen: Wenn jemand ein todsicheres System zur Erzielung von Spekulationsgewinnen gefunden hat, weshalb benötigt er dann das Geld anderer Leute?

Geschlossene Fonds: Spielwiese für dubiose Gestalten

Auch wenn es der Name vermuten lassen könnte: Mit Investmentfonds haben geschlossene Fonds nichts zu tun. Da viele Anleger die wichtigen Unterschiede zwischen geschlossenen Fonds und Investmentfonds nicht kennen, wird hier zunächst die Funktionsweise dieser Anlageprodukte erläutert. Es handelt sich bei geschlossenen Fonds um unternehmerische Beteiligungsmodelle, bei denen für ein bestimmtes Investitionsprojekt Geldgeber geworben werden. Wenn die erforderliche Summe hereingeholt wird, dann wird vom Fondsinitiator der Fonds geschlossen und die Investitionen beginnen.

Vollkommen unterschiedliche Konstruktionen: Investmentfonds und geschlossene Fonds

Eine Kontrolle durch staatliche Aufsichtsbehörden wie bei Investmentfonds oder Banken gibt es für die Initiatoren geschlossener Fonds kaum. Daher zählen diese Produkte zum sogenannten grauen Kapitalmarkt. Zwar gibt es durchaus seriöse und solide kalkulierte Angebote, aber mangels einer rechtlichen Kontrollinstanz ist in diesem Anlagesegment der Anteil schwarzer Schafe recht hoch. Das verdeutlichen zahlreiche Schadenersatzprozesse nach Fondspleiten, so etwa im Bereich der Film- und Schiffsfonds, bei denen hochriskante Investments über dubiose Fondskonstruktionen schöngerechnet wurden.

Kaum Kontrolle bei geschlossenen Fonds

Wer in einen geschlossen Fonds investiert, erwirbt in aller Regel keine Wertpapiere wie Aktien oder Anleihen, sondern tritt als Gesellschafter einem Unternehmen bei. Gängige Rechtsformen sind Gesellschaften bürgerlichen Rechts (GbR) sowie Kommanditgesellschaften, bei denen der Investor als Kommanditist fungiert. Ebenfalls häufig ist der Eintritt als „stiller Gesellschafter" in ein Unternehmen anzutreffen, dessen Rechtsposition eher der eines Kreditgebers als derjenigen

Investor wird Gesellschafter

des Mitunternehmers gleicht. Kaum von Bedeutung ist hier die direkte Beteiligung an einer GmbH, weil der Beitritt neuer Gesellschafter mit hohem finanziellen Aufwand für die notarielle Beglaubigung und den Eintrag ins Handelsregister verbunden ist – und außerdem haben GmbH-Gesellschafter weitreichende Mitspracherechte bei Unternehmensentscheidungen, was den Fondsinitiatoren nicht unbedingt recht ist.

[ ] Tipp: Genau zwischen Investmentfonds und geschlossenen Fonds unterscheiden

Verwechseln Sie geschlossene Fonds nicht mit Investmentfonds, die das Geld ihrer Kunden in Aktien, Anleihen oder andere Wertpapiere anlegen und von staatlichen Aufsichtsbehörden überwacht werden. Fragen Sie im Zweifelsfall gezielt nach, denn immer wieder lassen Finanzvermittler den Kunden bewusst im Unklaren und hoffen darauf, dass das relativ gute Image der Investmentfonds eine Verkaufshilfe für die vollkommen anders strukturierten geschlossenen Fonds darstellt.

Geschlossene Fonds bilden keinen einheitlichen Markt, sondern können je nach Investitionsziel sehr unterschiedlich konzipiert sein. Hier nun ein kurzer Überblick über die gängigsten Fondsinhalte:

- **Immobilien.** Bei dieser Fondskonstruktion fließt das Geld der Anleger in eine oder mehrere Großimmobilien. Im Gegensatz zu offenen Immobilienfonds erfolgt jedoch keine breite Streuung – vor allem auch deshalb nicht, weil das eingesammelte Kapital viel geringer ist als bei offenen Immobilienfonds. Je nach Fondsstrategie kann es sich um Immobilien im Inland oder Ausland handeln, die Art der Nutzung reicht von Wohn- und Büroimmobilien über Hotels und Einkaufszentren bis hin zu Logistikimmobilien.
- **Schiffe.** Hier investieren die Anleger in Schiffe, wobei es sich meist um Containerschiffe oder Tanker handelt. Die Schiffe werden dann an eine Chartergesellschaft weitervermietet und nach Abzug der Betriebs- und Verwaltungskosten wird die Charterrate unter den Anlegern aufgeteilt.

- **Erneuerbare Energien.** Investitionsziel sind meist Windkraftwerke oder große Fotovoltaik-Anlagen. Hier bieten die Energieversorger zwar meist fest kalkulierbare Einspeisungspreise. Allerdings können die Erträge je nach Sonnen- bzw. Windintensität stark schwanken und auch bei den Wartungskosten brachte so mancher Fonds seinen Investoren schon unangenehme Überraschungen.
- **Private Equity.** Hinter diesem Fachbegriff verbirgt sich die Investition in nicht börsennotierte, zumeist mittelständische Unternehmen. Die Risiken sind bei solchen Beteiligungsmodellen oft sehr hoch, weil der unternehmerische Erfolg stark schwanken kann. Zusätzliche Risiken kommen noch hinzu, wenn über einen solchen Fonds Forschungs- und Entwicklungsvorhaben von noch jungen Firmen finanziert werden.
- **Leasing.** Bei Leasingfonds werden die Investoren Eigentümer von Wirtschaftsgütern, die an unternehmerische Nutzer geleast werden. Die Palette erstreckt sich über Güter wie Flugzeuge, Eisenbahnwaggons, Transportcontainer oder Fahrzeugflotten von Autovermietern.
- **Filmproduktionen.** Ob Fernsehserie oder Kinofilm – viele Filmproduktionen werden mithilfe von geschlossenen Fonds vorfinanziert. Aus dem Fonds werden Produzenten, Zulieferer und Schauspieler bezahlt und dafür bekommen die Investoren einen Teil der Fernseh-, Kino- oder sonstigen Lizenzeinnahmen. Angesichts der Unwägbarkeiten des Filmgeschäfts zählt die Gattung der Medienfonds zu den riskantesten Formen der Beteiligungsmodelle. Seit einigen Jahren sind neue Medienfonds aufgrund der rigorosen Kappung der Steuervorteile kaum mehr auf dem Markt zu finden. Ärger wegen Verlusten aus bestehenden Fondsprodukten beschäftigt hingegen die Gerichte immer wieder im Zusammenhang mit Falschberatung und fehlerhaften Fondsprospekten.

Bis vor wenigen Jahren galten geschlossene Fonds als „Steuersparmodelle", weil wegen hoher Verlustzuweisungen

Kaum noch Steuervorteil bei geschlossenen Fonds

Gutverdienende in manchen Fällen die Hälfte der Investitionssumme im Jahr des Erwerbs vom Finanzamt in Form einer Steuerrückzahlung zurückholen konnten. Nachdem der Fiskus in den vergangenen Jahren jedoch die meisten Steuerschlupflöcher gestopft hat, ist die steuerliche Komponente immer mehr in den Hintergrund getreten.

Heute ist das Verkaufsargument häufig der sogenannte Sachwert. Mit diesem Schlagwort rücken die Fondsverkäufer die Inflation in den Mittelpunkt und zeigen mit mehr oder weniger realistischen Hochrechnungen, dass bei verzinslichen Anlagen der Kaufkraftverlust einen guten Teil der Rendite zunichte macht. Hingegen seien Sachwerte wie Immobilien, Wirtschaftsgüter oder Unternehmensbeteiligungen gegen die Inflation gefeit, behaupten die Verkäufer.

Fondsinvestoren erhalten bei Unternehmenspleite als Letzte ihr Geld zurück

Was jedoch gern verniedlicht oder gar verschwiegen wird, sind die hohen Risiken solcher Beteiligungsmodelle. So ist jede unternehmerische Tätigkeit auch mit der Gefahr des Scheiterns verbunden. Weil die Fondsinvestoren Eigenkapitalgeber sind, stehen sie bei einer Insolvenz ganz am Ende der Warteschlange und werden – wenn überhaupt noch etwas übrig ist – erst nach den Gläubigern bedient. Darüber hinaus nehmen die Fonds oft selbst noch Kredite auf, sodass das Risiko praktisch gehebelt, also vervielfacht wird. Natürlich nicht zum Nachteil der finanzierenden Banken, denn die sichern sich mit Grundschulden oder Pfandrechten den ersten Zugriff auf die Vermögenswerte des Fonds.

Lange finanzielle Bindung

Während herkömmliche Investmentfonds täglich in Bares umgetauscht werden können, binden sich Anleger bei geschlossenen Fonds über Jahre oder gar Jahrzehnte an ihr Investment. Die Laufzeiten liegen meist zwischen 10 und 25 Jahren, und vorher kommt der Anleger an sein Geld nur heran, wenn ihm jemand seine Anteile abkauft. Doch das ist äußerst selten der Fall.

Zwar haben etliche Anbieter zusammen mit regionalen Börsenbetreibern versucht, einen Markt für „gebrauchte" Fondsanteile ins Leben zu rufen. Doch das Interesse der Käufer kann mit viel Wohlwollen gerade mal als „verhalten" bezeichnet werden. An der Hamburger Börse, wo die geschlossenen Fonds gehandelt werden, wechselten im Gesamtjahr 2011 Anteile im Wert von 145 Millionen Euro den Besitzer. Das liest sich auf den ersten Blick vielleicht eindrucksvoll, ist aber im Verhältnis zum in Deutschland verwalteten Gesamtvolumen in Höhe von rund 200 Milliarden Euro verschwindend gering. Und: Was an der Börse tatsächliche Umsätze bringt, sind Fonds mit hoher Investmentqualität – die Schrottprodukte, die jeder Anleger gern loswerden möchte, will auch gebraucht und mit hohem Preisabschlag niemand kaufen.

Kaum Handel mit gebrauchten Fonds

Zusätzlich erhöht werden die Risiken für den Anleger durch die hohen internen Kosten, denn zuallererst bedienen sich Fondsinitiatoren und -vermittler erst einmal großzügig selbst. Für Verwaltung, externe Beratung und die Zahlung der Provisionen an die Verkäufer der Fondsanteile werden hohe Summen ausgegeben. Im Schnitt liegen diese sogenannten Weichkosten bei 15 bis 20 Prozent des Eigenkapitals, bei manchen Fonds kann die Kostenquote sogar bis auf 30 Prozent klettern.

[ ] Tipp: Fondsinterne Kosten verzehren Ihr Geld

Wenn es um die fondsinternen Kosten geht, müssen Sie sich darüber im Klaren sein: Dieses Geld ist erst mal weg. Bevor überhaupt ein Cent Gewinn beim Investor ankommt, müssen zunächst die ganzen Kosten wieder hereingewirtschaftet werden. Angesichts dieser Tatsache sollten Sie sich nicht darüber wundern, dass sich so viele geschlossene Fonds am Ende für die Anleger als ein finanzielles Fiasko entpuppen.

Geschlossene Fonds werden sowohl von Finanzvertrieben als auch von Banken unters Volk gebracht und den Anreiz für die Verkäufer liefern die riesigen Provisionen. Wenn der Kunde Fondsanteile für 50.000 Euro zeichnet, zahlt der Fondsinitiator dem Verkäufer rund 7.500 Euro – wer könnte dieser Verlockung widerstehen?

Ob ein geschlossener Fonds zum Anleger passt, entscheiden oft die hohen Provisionen

Wenn es um solche Summen geht, wird bei der Frage, ob der Fonds auch wirklich solide ist und zu den Bedürfnissen des Anlegers passt, gern mal ein Auge zugedrückt. Entsprechend zahlreich sind damit auch die Fälle, die vor Gericht landen. Dabei sind mehrheitlich zwei Sachverhalte in immer wieder neuen Varianten gegeben:

1. Der Verkäufer hat dem Anleger gegen dessen Bedarf einen **hochriskanten geschlossenen Fonds** aufgeschwatzt und sich damit wegen fehlerhafter Anlageberatung im Verlustfall schadenersatzpflichtig gemacht.
2. Die schriftlichen Unterlagen in Form des Verkaufsprospekts, auf deren Basis der Anleger seine Investitionsentscheidung getroffen hat, sind unvollständig oder falsch. Dann befinden sich der Initiator und möglicherweise auch dessen Wirtschaftsprüfer in der sogenannten **Prospekthaftung**.

Besonders dreist gingen Berater der Commerzbank vor, wie das Magazin *Stern* im Jahr 2011 herausfand. Dort wurden einer 87-jährigen Rentnerin Anteile an einem Schiffsfonds in Höhe von 40.000 Euro verkauft – mit einer Laufzeit von 20 Jahren. Damit käme die Anlegerin im stolzen Alter von 107 Jahren wieder an ihr Geld.

Viele ältere Anleger werden ausgenutzt

Nachdem im Fernsehen darüber berichtet worden war, kamen ähnlich gelagerte Fälle ans Licht. Die Masche war immer gleich: Die Bankverkäufer nutzten die Vertrauensseligkeit alter Menschen aus, um ihnen vollkommen ungeeignete Anlageprodukte wie Beteiligungen an Containerschiffen unterzujubeln. Da stellt sich durchaus die Frage, ob hier die Floskel von den „bedauerlichen Einzelfällen" noch greift

oder ob es sich nicht doch um bankintern tolerierte oder gar
geförderte Verkaufsmethoden handelte.

Keinen Deut besser sind zuweilen Finanzvertriebe, wo das
Erzielen von Provisionseinnahmen auf der Prioritätenliste
ganz weit oben steht. Beispiel AWD: Die Vertriebsorganisation, die sich gerne mit dem Etikett des „Finanzoptimierers"
schmückt, hat Zigtausenden Kunden verlustbringende geschlossene Fonds verkauft. Der Stiftung Warentest lag nach
einer Meldung vom Frühjahr 2011 eine Liste mit 34.000 AWD-
Kunden vor, die mit Immobilienfonds der Capital Konsult
Verluste machten und teilweise vor dem finanziellen Ruin
stehen. Besonders bitter: Viele davon hatten ihre Immobilien-
beteiligung auf Kredit finanziert und müssen trotz fehlenden
Gegenwerts weiter ihre Raten abstottern.

**Wichtigstes Ziel
von Finanzvertrieben:
Provisionen einstreichen**

Wie skrupellos manche Finanzvermittler arglosen Ver-
brauchern Beteiligungen an hochriskanten geschlossenen
Fonds andrehen, zeigte ein Prozess vor dem Münchner
Oberlandesgericht (Urteil vom 16.11.2011, Az. 3 U 5051/10).
Ein Anleger verklagte den Finanzvermittler, der ihm einen
Beteiligungssparplan namens SecuRente angedreht hatte.
Statt der erhofften sicheren Rendite brachte die Kapitalanlage jedoch nichts als horrende Verluste. Im Lauf des
Prozesses kam ans Licht, dass die Vertriebsorganisation
die Verkäufer dahingehend schulte, den Käufern mit falschen Informationen und fehlenden Risikohinweisen das
halbseidene Anlageprodukt schmackhaft zu machen. Das
verstoße gegen die guten Sitten, urteilten die Richter und
entschieden, dass der Kläger eine Entschädigung von rund
55.000 Euro erhalten sollte.

**Fehlender Risikohinweis:
Verstoß gegen
die guten Sitten**

Wenn Anleger aufgrund fehlerhafter Verkaufsprospekte
direkt gegen den Fondsinitiator vorgehen, stehen sie oft
vor einem speziellen Problem: Sie haben zwar vor Gericht
Recht bekommen, aber zu holen ist dennoch nichts mehr,
weil die Fondsgesellschaft längst pleite gegangen ist. Wenn

sich jedoch herausstellt, dass der Wirtschaftsprüfer wider besseres Wissen den Verkaufsprospekt abgesegnet hat, kann unter Umständen dieser in die Haftung hineingezogen werden.

Wirtschaftsprüfer vernachlässigen oft Kontrolle

Das Mitverschulden des Wirtschaftsprüfers sah das Landgericht München I beim Medienfonds MBP NY 121 als erwiesen an (Urteil vom 13.12.2011, Az. 28 O 17340/10, nicht rechtskräftig). Im Mittelpunkt des Prozesses stand die sogenannte Mittelverwendungskontrolle. Hierbei trägt der Wirtschaftsprüfer Sorge, dass die von den Investoren bereitgestellten Gelder erst dann zur Auszahlung kommen, wenn bestimmte Voraussetzungen erfüllt sind. Im vorliegenden Fall ging es vor allem um Zahlungen an Filmproduzenten, die erst nach Vorlage von Fertigstellungsgarantien und entsprechenden Versicherungspolicen freigegeben werden sollten. Im Prospekt wurde diese Vorgehensweise als Maßnahme zum Schutz der Anleger angepriesen.

Doch in der Realität zeigten sich die Wirtschaftsprüfer oft weitaus freizügiger und gaben Auszahlungen frei, die praktisch Blankovorschüsse ohne Absicherung darstellten. Dabei beriefen sie sich auf eine Klausel im Mittelverwendungskontrollvertrag, nach der Gelder in besonderen Fällen „zur Abwendung von wirtschaftlichem Schaden" auch ohne Sicherheiten freigegeben werden konnten.

Prüfer müssen Verantwortung übernehmen und gegebenenfalls haften

Die gehäufte Anwendung dieser eigentlich für Notfälle vorgesehenen Klausel hätte dem Anleger vor der Unterzeichnung mitgeteilt werden müssen, zumal das laxe Vorgehen schon bei vorhergehenden MBP-Fonds Usus gewesen sei, so die Richter. Weil für die Wirtschaftsprüfer absehbar gewesen sei, dass sie den im Fondsprospekt erläuterten Pflichten nicht ordnungsgemäß nachkommen könnten, hätten sie die Anleger vor ihrem Beitritt zum Fonds explizit darauf hinweisen müssen. Weil sie dies unterlassen hatten, seien sie für den entstandenen Schaden mitverantwortlich.

Mit Schneeballsystemen garantiert zum Totalverlust

Mit Schneeballsystemen versuchen Betrüger, arglosen Anlegern das Geld aus der Tasche zu ziehen. Lockvogel ist in aller Regel ein Renditeversprechen, das weit über dem Durchschnitt liegt. Wer Geld bei dem Anbieter anlegt, könne innerhalb kürzester Zeit sein Kapital vervielfachen. Wenn es um die Frage geht, wie der Anbieter das Geld seiner Kunden konkret anlegen will, fallen oft nebulöse Begriffe wie „handelbare Kreditbriefe", „Bankgarantie-Geschäfte" oder ähnliche.

In Wirklichkeit werden die Ausschüttungen der bereits eingetretenen Anleger aus den Einzahlungen neuer Kunden bestritten. Die neuen Kundengelder werden folglich nicht in irgendwelche Wertpapiere oder Geschäfte investiert, sondern gleich als „Ausschüttung" an bestehende Investoren ausgezahlt. Das geht so lange gut, wie die Zahl der neu eintretenden Kunden viel höher ist als die Zahl der Bestandskunden. Doch die Grenze ist meist schnell erreicht und oftmals kippt das System schon nach wenigen Monaten. Während die Anleger der ersten Stunde dank der Arglosigkeit ihrer Nachfolger nicht selten reale Gewinne verzeichnen können, erleidet die große Masse der Späteinsteiger den Totalverlust.

Schneeballsysteme gaukeln anfangs Gewinne vor

Wenn das System auffliegt, sind die Anlagebetrüger meist mit den kassierten Abschlussprovisionen und dem verbliebenen Anlagekapital über alle Berge. Zurück bleiben nicht nur geschädigte Anleger, sondern auch die arglosen Verkäufer, die häufig nichtsahnend ihre Freunde und Verwandten um deren Ersparnisse gebracht haben und sich nun mit den rechtlichen Konsequenzen auseinandersetzen müssen. Oft sind die Verkäufer ebenfalls massiv geschädigt, weil sie selbst hohe Summen in das scheinbar todsichere System investiert haben.

Unwissende Privatverkäufer oft selbst geschädigt

Besonders schwer durchschaubar werden Schneeballsysteme, wenn sie mit eigentlich seriösen Anlageprodukten
verknüpft werden. So warnte die Bundesanstalt für Finanzdienstleistungsaufsicht (BaFin) Anfang 2012 vor Firmen, die
gebrauchte Lebensversicherungen aufkauften und den ver-
kaufenden Privatpersonen dabei hohe Renditen in Aussicht
stellten. Häufig wurden gezielt Menschen angesprochen,
die sich in finanziellen Engpässen befanden und für die der
Verkauf des Versicherungssparvertrags einen vermeintlich
lukrativen Ausweg aus der Misere bot.

> **Tipp: Betrugsversuche öffentlich machen**
>
> Schneeballsysteme erfüllen in aller Regel den
> Tatbestand gewerbsmäßigen Betrugs. Wenn
> Ihnen eine scheinbar hochrentable Kapitalanlage
> angeboten wird, hinter der Sie ein Schneeball-
> system vermuten, sollten Sie sich schnellstmög-
> lich mit einer Verbraucherzentrale in Verbindung
> setzen und bei erhärtetem Verdacht Anzeige bei
> der Staatsanwaltschaft erstatten.

Der Haken an der Sache: Das Geld
für die Übertragung des bereits angesparten Guthabens sollte über
Jahre hinweg in Raten ausgezahlt
werden – und hier lag der Verdacht
nahe, dass sich das System beim
Ausbleiben neuer verkaufswilliger
Versicherungssparer schnell in Luft
auflösen würde. Gegen einige Unternehmen wird gerichtlich ermittelt,
insgesamt hatte die BaFin zu diesem Zeitpunkt bundesweit
rund 60 fragwürdige Versicherungsaufkäufer im Visier.

Schenkkreise: skurril,
aber brandgefährlich

„Schenk dich reich" – das Unmögliche soll funktionieren,
wenn man Mitglied in einem sogenannten Herz- oder
Schenkkreis wird. Mit einem Hauch von Esoterik werden in
erster Linie Frauen angesprochen, die sich in Gesprächs-

kreisen treffen und mit einem fast schon religiösen Ritual Geld verschenken. Dieses Geld, versteht sich von selbst, soll später natürlich in vielfacher Weise wieder ins eigene Portemonnaie zurückfließen. Damit sind Schenkkreise eine besonders skurrile Variante des Schneeballsystems.

Diese Zirkel funktionieren in einer streng gegliederten Hackordnung: Neue Mitglieder steigen auf der untersten Ebene mit einem Beitrag von beispielsweise 5.000 Euro ein und müssen in ihrem Freundes- und Bekanntenkreis weitere Teilnehmerinnen und Teilnehmer suchen, die auch alle bereit sind, dem wundersamen Geldvermehrungsnetzwerk 5.000 Euro zu schenken. Die jeweilige Person an der Spitze streicht insgesamt 40.000 Euro ein und scheidet dann aus dem Kreislauf aus. Die drei oder vier Spenderinnen in der Ebene darunter rücken eine Stufe rauf und sollen angeblich als Nächste reich beschenkt werden.

Auch in sogenannten Schenkkreisen profitieren nur Früheinsteiger

Bei nüchterner Betrachtung ist der Haken klar: Wenn bereits viele Teilnehmer mitmachen, wird es schwieriger, die noch ausstehenden Stufen mit neuen Mitgliedern zu füllen. Wenn jeder Neuling vier weitere Nachfolger werben muss und erst nach vier weiteren Stufen „beschenkt" wird, braucht man dazu 256 Menschen. Das System mag für diejenigen funktionieren, die in der Frühphase eingestiegen sind – aber wie bei jedem anderen Schneeballsystem auch ist der baldige finanzielle Kollaps programmiert.

Finanzieller Zusammenbruch nur eine Frage der Zeit

Zu den besonders berüchtigten Zirkeln dieser Art zählte der Schenkkreis in Bobingen bei Augsburg. Zeitweise bis zu 500 Menschen wurden mit Bussen eingesammelt und trafen sich in einer ehemaligen Firmenkantine, um feierlich ihr Erspartes zu verschenken. Natürlich in der Hoffnung, dass irgendwann der große Geldregen beginnt. Reich wurden allenfalls die Initiatoren dieses hanebüchenen Esoteriktreffs, die teilweise sechsstellige Summen in die eigene Tasche gewirtschaftet hatten. Die großzügigen Spender gingen hingegen leer aus.

Ein unrühmliches Nachspiel fand der Schenkkreis nach dem Platzen der letzten Hoffnung vor dem Augsburger Amtsgericht, wo drei der Drahtzieher zu Geld- und Bewährungsstrafen verurteilt wurden. Besonders problematisch aus Sicht des Anlegerschutzes ist, dass solchen abstrusen Vereinigungen juristisch oft nur schwer beizukommen ist. Häufig laufen die Vorwürfe wegen Anlagebetrug oder illegalem Glücksspiel ins Leere, weil die Verantwortlichen sorgfältig darauf achten, dass sie keine rechtsverbindlichen Gewinn- oder Renditezusagen abgeben. Im Bobinger Fall mussten die Richter letztlich das Gesetz gegen den unlauteren Wettbewerb bemühen, was in der Folgeinstanz im März 2012 vom Oberlandesgericht München bestätigt wurde.

Esoterisch angehauchte Schenkgruppen juristisch nur schwer zu belangen

> **[ ] Tipp: Auf keinen Fall mitmachen**
>
> Schenkkreise zählen zu den „U-Boot-Abzockermethoden" – sprich: Sie tauchen in größeren Abständen immer mal wieder auf. Wie alle pyramidenartig aufgebauten Systeme, bei denen immer neue Geldgeber geworben werden müssen, sind sie von vornherein zum Scheitern verurteilt. Auch wenn Sie von Ihrem besten Freund oder Ihrer besten Freundin eingeladen werden: Lassen Sie die Finger davon und empfehlen Sie dies auch allen, die Sie darauf ansprechen.

Gold und Diamanten – oft ohne jeden Glanz

Vor allem in unruhigen Zeiten flüchten viele Anleger in Gold, weil sie Angst vor Inflation und Wirtschaftskrisen haben. Ob der Kauf eines Goldbarrens oder einer Goldmünze sinnvoll ist, mag jeder Anleger für sich selbst entscheiden. Doch die Beliebtheit des Goldes als Sachwertanlage hat natürlich längst schon Anbieter auf den Plan gerufen, die abseits des traditionellen Handels mit Goldbarren oder Münzen auf dubiose Weise ihre Geschäfte machen.

So preisen in regelmäßigen Abständen schwarze Schafe „limitierte Prägungen" an, die den Anschein einer Goldmünze wecken. Dem ist jedoch nicht so: Als Goldmünze dürfen ausschließlich staatliche Münzen wie der Krügerrand oder Maple-Leaf-Dollar bezeichnet werden, die auch als Zahlungsmittel zugelassen und bei Banken erhältlich sind. Was Versandhändler oder Strukturvertriebe anbieten, sind Medaillen ohne jegliche Zahlungszulassung. Hier zahlen Sie für Prägung und Vertrieb oft einen so hohen Aufpreis, dass Sie erst bei stark ansteigendem Goldpreis überhaupt aus der Verlustzone herauskommen.

Nur echte Goldmünzen auch als Zahlungsmittel zugelassen

Auch der Handel mit Mini-Goldbarren auf Verkaufspartys ist eine Masche, von der allenfalls die Verkäufer profitieren. Zwar sind die Goldbarren echt, doch bei einem extrem geringen Gewicht von meistens 1 oder 2 Gramm gnadenlos überteuert. Die Käufer solcher Minibarren vergessen schlicht und einfach, den Preis auf den börsengängigen Goldpreis von einer Unze (31,1 Gramm) hochzurechnen – denn dabei ließe sich schnell feststellen, dass Aufschläge von 40 oder gar 50 Prozent verlangt werden. Und die fließen natürlich als Provision und Handelsgewinn in die Taschen der Veranstalter.

 Tipp: Wenn Gold, dann richtig

Wenn Sie in Gold investieren wollen, sollten Sie entweder auf physisches Gold in Form von Barren oder offiziellen Münzen setzen, die Sie bei Ihrer Hausbank erwerben können, oder Sie kaufen Anteile an börsennotierten Goldfonds. Diese Fonds werden in der Fachsprache als „Exchange Traded Fund (ETF)" bezeichnet. Gold-ETFs kaufen entsprechend dem Anlegerguthaben Goldbarren, die üblicherweise in den Hochsicherheitstrakten der Zentralbanken wie etwa im berühmten Fort Knox in den USA eingelagert sind.

Vorsicht ist auch bei Diamanten geboten, die bekanntermaßen „a girl's best friends" sind. Aber damit sind sie noch lange nicht die passenden Freunde für renditeorientierte Kapitalanleger. Dennoch versuchen unseriöse Finanzverkäufer immer wieder, mit angeblichen „Anlagediamanten" Anleger in das Diamanten-Investment zu locken. Verheißen wird dabei Wertstabilität und eine vermeintlich erstklassige Ersatzwährung in Krisenzeiten.

Diamanten sind schwieriges Geschäft

Doch selbst wenn es sich um Qualitätsdiamanten handelt, ist ein späterer Verkauf oft mit Verlusten verbunden, da Juweliere Edelsteine nur mit Einkäufer-Abschlag erwerben. Außerdem fällt bei jedem Kauf und Verkauf noch Mehrwertsteuer an, so dass die Hoffnung auf Handelsgewinne für Privatleute von vornherein zum Scheitern verurteilt ist.

Aber meistens kommt es noch schlimmer, weil sich die fachlich unbedarften Anleger auf die Angaben unseriöser Anbieter verlassen und sie statt des aufgeschwatzten Diamanten in Topqualität einen minderwertigen Diamanten erworben haben – und solche drittklassigen Steine bringen beim Verkauf allenfalls einen winzigen Bruchteil des völlig überhöhten Verkaufspreises.

Die lange Tradition der Abzocke mit Ramschaktien

Schon das Aktieninvestment als solches bringt genügend Nervenkitzel mit sich und ist für Anleger alles andere als langweilig. Doch nicht nur an der Börse, sondern auch am grauen Kapitalmarkt sind Aktien begehrte Objekte – in letzterem Fall weniger für den Investor als vielmehr für skrupellose Abzocker.

Wie so oft bei unseriösen Finanzgeschäften werden auch hier die Opfer häufig mit dem Zauberwort „Geheimtipp" geködert. Es soll dem Anleger suggerieren, dass er jetzt ganz exklusiv in eine Aktie investieren kann, deren Gewinn in den kommenden Wochen alle Rekorde brechen wird.

Solche Spielchen finden gern in Börsenbriefen statt. Dort werden von selbst ernannten „Aktiengurus" oftmals exotische Aktien von Unternehmen empfohlen, die angeblich kurz vor dem internationalen Durchbruch stehen und sich schon bald zu wahren Kursraketen entwickeln sollen. Das sind Informationen, deren Wahrheitsgehalt Sie praktisch nie durch eine zweite Quelle nachprüfen können, weil solche Unternehmen nicht von renommierten Analystenhäusern beobachtet werden.

Informationen von sogenannten Aktiengurus nicht nachprüfbar

Was dann in aller Regel passiert, wird im Börsenjargon als „Scalping" bezeichnet. Das bedeutet nichts anderes, als dass dem Opfer das Fell über die Ohren gezogen wird. Wenn die scheinbar exklusive Meldung veröffentlicht wird, hat sich deren Urheber schon längst zu Billigpreisen mit Wertpapieren des Unternehmens eingedeckt. Weil es meist um wenig gehandelte Titel geht, treiben die nun einsetzenden Käufe der gutgläubigen Anleger den Kurs tatsächlich in die Höhe. Das funktioniert wenige Tage oder vielleicht auch Wochen – eben so lange, wie immer neue Aktionäre in der Hoffnung auf weitere Kursgewinne einsteigen. Diese kurze Hochphase nutzt der Urheber der Meldung, um sich mit sattem Gewinn von seinen Aktien wieder zu trennen. Wenn anschließend die Kurse wieder einbrechen, hat jener sein Schäfchen schon längst im Trockenen, und die hoffnungsvoll eingestiegenen Neuaktionäre bleiben auf den Verlusten sitzen.

Manipulierte Höhenflüge nur von kurzer Dauer

An dieser Stelle sei darüber hinaus in aller Deutlichkeit vor den Risiken des Telefonhandels oder des Aktienvertriebs

Vorsicht vor Aktien-vertrieb außerhalb der Börse

außerhalb der Börse über private Finanzvermittler gewarnt. Die Händler sind keine Börsenmakler, sondern zumeist kleine Wertpapierhäuser, die Aktien von Unternehmen kaufen und verkaufen, die nicht an den Börsen gelistet sind. Grund dafür ist, dass das gehandelte Volumen meist so gering ist, dass sich für die Unternehmen eine offizielle Börsennotierung – selbst im vergleichsweise günstigen Freiverkehr – nicht lohnt.

Verlockend ist für viele Anleger die Werbung der Händler mit günstigen Bewertungen und der Aussicht, bei einem späteren „richtigen" Börsengang hohe Gewinne erzielen zu können. Aber in Wirklichkeit ist die Verlustgefahr im außerbörslichen Handel hoch, weil es sich meist um junge, kleine und wenig transparente Unternehmen handelt.

Gesellschafter nicht verpflichtet, regelmäßig zu informieren

Viele Werte dümpeln nicht nur vor sich hin, sondern werden über Wochen oder gar Monate hinweg überhaupt nicht gehandelt. Wird ein geplanter Börsengang verschoben oder gar abgesagt, können sowohl die Kurse als auch die Umsätze in sich zusammenbrechen. Dazu kommt, dass die Gesellschaften nicht verpflichtet sind, regelmäßig Zahlen und wichtige Ereignisse zu veröffentlichen. Wenn sich der jährliche Geschäftsbericht als böse Überraschung entpuppt, ist es für einen glimpflichen Ausstieg zu spät. Noch riskanter wird es für Anleger, wenn Unternehmen ihre eigenen Aktien nicht über etablierte außerbörsliche Effektenhändler, sondern via Internet oder Strukturvertrieb unters Volk bringen.

[ ] Tipp: Nur in Werte der anerkannten Indizes investieren

Wenn es um Aktieninvestments geht, sollten Sie sich auf die Werte beschränken, die in den einschlägigen Aktienindizes der deutschen DAX-Indexfamilie, den europäischen STOXX-Indizes oder bei ausländischen Aktien im Leitindex des jeweiligen Heimatlands gelistet sind. Diese Unternehmen werden von Analysten regelmäßig beobachtet. Damit ist auch die Wahrscheinlichkeit, dass eine mögliche Negativentwicklung rechtzeitig öffentlich gemacht wird, viel höher als bei exotischen Mini-Werten.

Finanzagenten: mit einem Fuß im Gefängnis

Immer mal wieder kursieren E-Mails, in denen der Empfänger als sogenannter Finanzagent geworben werden soll. Wer sich registrieren lässt, bekommt auf sein Girokonto einen Betrag von meist mehreren tausend Euro überwiesen. Das Geld soll dann über einen Bargeld-Transferdienstleister wie Western Union an einen anonymen Empfänger telegrafiert werden, der meist in einschlägig bekannten Ländern wie den ehemaligen Sowjetrepubliken oder im Nahen Osten ansässig ist. Als Lohn für die Dienste werden Provisionen von 5 bis 10 Prozent in Aussicht gestellt und auch bezahlt.

Auf diese Masche sollten Verbraucher nicht hereinfallen, auch wenn es zunächst den Anschein hat, als könnte man mit solchen Geschäften kein Geld verlieren. Doch es handelt sich bei den Geldtransfers nicht um redlich erworbene Beträge, sondern meist um Diebesgut aus Online-Betrügereien, die mithilfe argloser Schnäppchenjäger ins Ausland geschafft werden soll. Damit machen sich die Transfer-Helfer der Beihilfe zur Geldwäsche schuldig und können sich im Fall einer Anklage durch den Staatsanwalt nicht mit Unwissenheit herausreden.

Transfer kann Beihilfe zur Geldwäsche sein

Diese Auffassung bestätigte ein Urteil eines Berliner Amtsgerichts. Dort wurde ein Finanzagent zu sechs Monaten Haft auf Bewährung verurteilt, weil er 7.000 Euro in die Ukraine transferiert und dabei 490 Euro Provision eingestrichen hatte. Das Geld stammte aus der Beute einer Phishing-Aktion (einem Betrug mit gestohlenen Identitätsdaten im Internet). Angesichts der ungewöhnlichen Konstellation hätte der Beklagte erkennen müssen, dass es sich um krumme Geschäfte handle, so die Richter in ihrer Urteilsbegründung.

Richter ziehen Finanzagenten zur Verantwortung

Versicherungen, die niemand braucht

**Auch Versicherungs-
vertreter werden von
Eigeninteressen geleitet**

Wenn es um Versicherungen geht, sind viele Verbraucher verunsichert. Nur wenige wissen, was sie wirklich brauchen und auf welche Policen sie getrost verzichten können. Der Versicherungsvertreter ist in dieser Frage als Anlaufstelle oft wenig geeignet – schließlich lebt er ja von den Provisionen, die er vom Versicherungsunternehmen für den Verkauf der Verträge erhält. Und da ist ein unwissender Kunde immer ein guter Kunde, denn dieser unterschreibt auch mal einen Vertrag, den er eigentlich gar nicht benötigt.

Zwar zahlen viele Haushalte hohe Beträge für überflüssige Versicherungen, dennoch bestehen oft Lücken beim Schutz gegen die wirklich existenziellen Risiken. Daher sei an dieser Stelle zuerst gesagt, gegen welche Fälle Sie sich auf jeden Fall absichern sollten:

- **Haftpflicht.** Die private Haftpflichtversicherung ist nicht teuer und ein absolutes Muss in jedem Haushalt. Sie schützt Sie vor Ansprüchen Dritter, wenn Sie einen Schaden verursachen.
- **Berufsunfähigkeit.** Viele Arbeitnehmer werden lange vor Erreichen der regulären Altersgrenze arbeits- oder berufsunfähig. Weil die gesetzliche Rentenversicherung nur noch einen minimalen finanziellen Schutz für diesen Fall bietet, sollten sich alle Berufstätigen zusätzlich privat versichern.

**Nur wirklich notwendige
Versicherungen
abschließen**

Dazu kommen weitere Versicherungen, die je nach Lebenssituation sinnvoll sein können. So ist eine **Risikolebensversicherung** für die Absicherung der Familie vor allem im Zusammenhang mit einer Baufinanzierung angebracht. Die **Auslandsreise-Krankenversicherung** bietet bei geringen Kosten finanzielle Sicherheit, wenn im Ausland eine ärztliche Behandlung oder ein Krankenhausaufenthalt nötig ist. Ist ein Eigenheim vorhanden, wird dafür eine **Gebäudeversicherung** benötigt. Gleiches gilt fürs **Auto**, das ohne Versicherung überhaupt nicht auf öffentlichen Straßen fahren darf.

Dann gibt es noch Policen, die man sich gönnen kann, aber längst **nicht unbedingt** haben muss. So ist eine **Hausratversicherung** fürs gut eingerichtete Eigenheim empfehlenswert, nicht aber für die Studentenbude. Und ob Sie eine Rechtsschutzversicherung wirklich brauchen und Ihre gesetzliche Krankenversicherung mit einer privaten Zusatzpolice ergänzen wollen, müssen Sie selbst wissen.

Klar ist jedoch: Es gibt genügend Versicherungen, die zwar fleißig verkauft werden, aber dem Versicherungsnehmer keinen erkennbaren Vorteil bringen. Und um die sollten Sie am besten einen großen Bogen machen.

Das Kuriositätenkabinett der Kreditkarten-Versicherungen

Kreditkarte ist nicht gleich Kreditkarte. Da gibt es die ganz einfachen Kreditkarten, die lediglich als Zahlungsmittel dienen und damit genau die Funktion erfüllen, für die sie einstmals erfunden worden sind. Und dann existieren noch die prestigeträchtigen Gold- oder Platinkarten, die in erster Linie für die Prestigeaufwertung des Inhabers gedacht sind. Um die hohen Jahresgebühren zu rechtfertigen, werben die Anbieter oftmals mit integrierten Versicherungspaketen. Diese Policen sollen angeblich für den perfekten Schutz auf Reisen sorgen. Doch ein Blick ins Kleingedruckte zeigt, dass die teuren Extraversicherungen große Lücken aufweisen und damit nutzlos sein können, wenn es wirklich darauf ankommt. Besonders skurril sind die folgenden Versicherungen:

Gold- und Platinkarten versprechen viel und halten wenig

- Die **Verkehrsmittel-Unfallversicherung** zahlt bei bleibenden gesundheitlichen Schäden aufgrund von Unfällen mit öffentlichen Verkehrsmitteln. Allerdings sind Ausschlüsse an der Tagesordnung. Manche Versicherungen sind nur im Ausland gültig, und manche zahlen nur dann, wenn der Fahrtpreis mit der dazugehörigen Kreditkarte bezahlt wurde. Unfälle außerhalb der im Kleingedruckten genannten Verkehrsmittel sind ausgeschlossen. Sinnvollere Alternative wäre eine ohne Einschränkungen geltende private Unfallversicherung.

- Keine Erfindung eines Komikers, sondern Realität sind die Konditionen des Kreditkartenanbieters Barclaycard für die **Geldautomaten-Raubversicherung**. Ersetzt werden nur geraubte Geldbeträge, die mit der dazugehörigen Kreditkarte an einem Geldautomaten abgehoben wurden, und das nur, wenn der Raubüberfall innerhalb von zwei Stunden nach dem Abheben verübt wurde. Außerdem muss Geld bei Überfällen mit Gewaltanwendung oder -androhung entwendet worden sein, nicht aber bei Trickdiebstahl wie beispielsweise Taschendiebstahl. Dazu kann man nur sagen: Auf solche Versicherungen können Verbraucher getrost verzichten.

- Die **Reisegepäckversicherung** ist trotz ihrer klaffenden Lücken ein Klassiker im Kartengeschäft. Der Verlust von Gepäckstücken wegen Stehen- oder Liegenlassens, Diebstahl aus einem länger als zwei Stunden parkenden Auto oder der Diebstahl von Kameras, Handys oder Schmuck aus Autos führt meist zu einer drastischen Einschränkung oder zum Verlust der Versicherungsleistung. Damit ist die Police in den wichtigsten Bedarfsfällen nutzlos.

- Die **Warenversicherung** soll Diebstähle nach der Shopping-Tour absichern, allerdings je nach Anbieter mit jeder Menge Ausschlüsse. Beispiele: keine Zahlung der Versicherung, wenn die gestohlene Ware nicht mit der Kreditkarte bezahlt wurde, oder keine Leistung bei Diebstahl von Schmuck oder Kameras aus dem Auto.

■ Genauso überflüssig ist die **Reise-Haftpflichtversicherung**. Einige Reisepolicen übernehmen zwar die Haftung bei Surfunfällen oder Schäden an gemieteten Ferienwohnungen – allerdings kann es sein, dass die Police nur auf Auslandsreisen, nicht aber bei Schadensfällen in Deutschland gilt. Sinnvoller ist im Bedarfsfall der Einschluss von Mietsachschäden oder Schäden aus Surfunfällen in der herkömmlichen und weltweit geltenden privaten Haftpflichtversicherung.

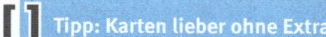

[ ] Tipp: Karten lieber ohne Extras

Verzichten Sie auf überflüssige Extras und wählen Sie als Zahlungsmittel eine möglichst kostengünstige Kreditkarte. Bei Versicherungen ist immer wichtig, dass Sie im Schadensfall mit möglichst wenigen Einschränkungen und unabhängig vom Aufenthaltsort geschützt sind. In aller Regel genügt eine Auslands-Krankenversicherung sowie bei größeren Reisebuchungen eine Reiserücktrittsversicherung.

Restschuldversicherungen: Ratenkredite mit eingebauter Kostenfalle

Drei Versicherungen und ein Ratenkredit: Seit einiger Zeit schnüren manche Banken unter dem Begriff „Kreditversicherung" teure Versicherungspakete für ihre Kunden. Die Kombinationen setzen sich zusammen aus Risikolebens-, Arbeitsunfähigkeits- und Arbeitslosigkeitsversicherung. Tritt einer der drei Versicherungsfälle ein, zahlt die Versicherung die Kreditraten weiter. Allerdings ist der Schutz auf den jeweiligen Kredit begrenzt: Andere Verpflichtungen wie etwa eine Baufinanzierung werden nicht damit abgedeckt, ebensowenig wird auf Dauer beispielsweise im Fall der Berufsunfähigkeit eine Rente gezahlt.

**Durch Ausschluss-
klauseln werden ange-
priesene Versicherungs-
pakete nutzlos**

Dazu kommt, dass die Versicherungspakete mit vielen Aus-
schlussklauseln verbunden sind. So erfolgt die Zahlung bei
Arbeitsunfähigkeit und Arbeitslosigkeit meist erst nach einer
Wartezeit von mindestens drei Monaten. Besonders rigide
sind die Einschränkungen im Fall der Arbeitslosigkeit. Liegt
Arbeitslosigkeit nach der eigenen Kündigung oder nach Be-
endigung eines befristeten Arbeitsverhältnisses vor, zahlt
die Versicherung meist überhaupt nichts.

Wenn aufgrund von Arbeitslosigkeit Zahlungen erfolgen,
sind diese überdies zeitlich begrenzt. Zumeist werden die
Raten nur für einen Zeitraum von 12 bis 18 Monaten über-
nommen. Wer dann keinen neuen Job gefunden hat, der hat
eben Pech und muss die Rückzahlung wieder selbst übernehmen. Das ist für Betroffene doppelt bitter, denn damit
enden die Zahlungen gerade dann, wenn auch staatliche
Leistungen gekürzt werden.

Für diesen löchrigen Schutz muss der Kreditkunde tief in die
Tasche greifen. Bei einem 10.000-Euro-Ratenkredit können
allein die Versicherungskosten je nach Anbieter und Laufzeit
bis zu 900 Euro ausmachen. Damit zahlt der Kreditnehmer
zuweilen so viel Versicherungsprämie wie Zins. Würden die
Kosten für die Versicherung in den Effektivzins mit einfließen, müssten manche Banken für ihren versicherten Ratenkredit einen effektiven Jahreszins von 20 Prozent oder noch
mehr ausweisen.

**[ ] Tipp: Die wichtigsten Versicherungen
nicht im Paket abschließen**

Ratenkredit-Versicherungspakete sind teuer und bieten einen
meist völlig unzureichenden Schutz. Planen Sie bei einer Kreditaufnahme lieber so viel Reserve ein, dass Sie die Belastung
auch bei einem Verlust des Arbeitsplatzes oder einem Wechsel
in einen schlechter bezahlten Job verkraften können. Und die
Absicherung gegen Berufsunfähigkeit sowie die Absicherung
Ihrer Familie sollten sowieso in Form einer eigenständigen Versicherung erfolgen.

Private Krankenkassen: Beiträge steigern bis zur Schmerzgrenze

Wer der gesetzlichen Krankenkasse den Rücken kehren und sich bei einem privaten Anbieter krankenversichern will, hat es so leicht wie kaum jemals zuvor. So wurde am 1. Januar 2011 die Grenze beim Jahreseinkommen erstmals nicht wie in den Vorjahren angehoben, sondern um knapp 1 Prozent auf 49.500 Euro gesenkt. Auch gilt seitdem, dass diese Grenze nur noch einmal überschritten werden muss, damit der Versicherte zu den Privaten wechseln darf – früher war das nur möglich, wenn das Jahreseinkommen drei Jahre lang über dem Grenzwert lag.

Damit eröffneten sich für die Versicherungsvermittler mit jungen Berufsaufsteigern Zielgruppen, die es bislang zumindest teilweise noch gar nicht gab. Besonders erfreulich aus Sicht der Versicherungsverkäufer: Bei privaten Krankenvollversicherungen handelt es sich um äußerst provisionsträchtige Produkte. Um an die begehrten Neukunden zu kommen, zahlen die Versicherer je nach Tarif häufig 2.000 bis 4.000 Euro Provision pro Vertragsabschluss.

Zielgruppe Privatversicherung: junge Berufsaufsteiger

Allerdings werden gerade für jüngere Arbeitnehmer die verlockenden Offerten privater Krankenversicherer langfristig oft zur teuren Kostenfalle. Bekanntermaßen gilt ja bei den Privaten im Gegensatz zu gesetzlichen Versicherern das Prinzip der Kopfpauschale: Der Versicherungsbeitrag ist nicht vom Einkommen abhängig, sondern von Alter und Geschlecht des Versicherungsnehmers sowie eventuellen Risikofaktoren wie Vorerkrankungen oder Allergien. Das heißt, dass man sich in jungen, in der Regel gesünderen Jahren relativ preiswert versichern kann. Dabei ist allerdings auch zu berücksichtigen, dass gerade jungen Leuten Billigtarife angeboten werden, in denen viele Leistungen gekürzt sind. Was kaum einer weiß: Die zunächst so günstigen Tarife werden für Junge aufgelegt und dann „geschlossen", wenn die Kunden anfangen, für die Versicherung teuer zu werden. Der Effekt: Da der gesündere Nachwuchs fehlt und sich die Kosten nicht wie sonst auf eine eher gemischte Gruppe verteilen, werden diese Tarife noch schneller noch teurer. Für die nachkommenden jüngeren Menschen wird dann wieder ein neuer billiger Tarif entwickelt und das Spiel geht von vorn los.

Regelmäßig deutliche Beitragserhöhungen

Dass die Beiträge längst nicht so stabil sind, wie es die Kunden gern hätten, bestätigte eine Analyse der Agentur Morgen & Morgen. Demnach verteuerten sich die privaten Krankenversicherungen von 2010 auf 2011 im Schnitt um 7 Prozent. In den Vorjahren seit 2006 lagen die durchschnittlichen jährlichen Beitragserhöhungen für Männer zwischen 4,5 und 5,6 Prozent und für Frauen zwischen 3,5 und 4,3 Prozent. Wer sich privat versichert, muss demzufolge damit rechnen, dass sich der Beitrag alle 15 Jahre verdoppelt.

Besonders exzessive Beitragserhöhungen ermittelte der Verbraucherzentrale Bundesverband zum Jahreswechsel 2011/2012. Über 140 Beschwerden wurden bundesweit ausgewertet, teils mit erschreckenden Ergebnissen. In den überprüften Fällen stiegen die Versicherungsprämien zum Jahreswechsel im Schnitt um 23,9 Prozent. Besonders negativ fielen die Central Krankenversicherung und die Gothaer Versicherung mit einer durchschnittlichen Erhöhung von 28,4 Prozent beziehungsweise 26,4 Prozent auf. Negative Spitze war eine Erhöhung um 60 Prozent bei der Central. Besonders betroffen waren langjährige Bestandskunden und ältere Versicherte. Die Beschwerden umfassen mit wenigen Ausnahmen Verträge, die länger als zehn Jahre bestehen, und Versicherte, die älter als 45 Jahre sind. In einem Extremfall zahlte eine 59-jährige Frau einen monatlichen Beitrag in Höhe von 1.095 Euro.

Exponentieller Anstieg der Versicherungsprämien zum Jahreswechsel 2011/12

Dazu kommt ein weiterer Knackpunkt: Gutverdienende Singles oder doppelverdienende Paare können mit dem Wechsel zur privaten Krankenversicherung zwar kurzfristig ordentlich Geld sparen. Doch was ist, wenn sich Nachwuchs ankündigt und einer der Ehepartner für eine gewisse Zeit beruflich pausiert? Dann schnappt die Kostenfalle gleich zweimal zu, weil zunächst einmal das Kind zu zusätzlichen Kosten versichert werden muss und auch für den nicht berufstätigen Partner eine eigene Krankenversicherung abgeschlossen werden muss. Die kostenlose Mitversicherung von Familienangehörigen ohne eigenes Einkommen, wie sie aus der gesetzlichen Krankenversicherung bekannt ist, gibt es bei den Privaten nämlich nicht.

Privatversicherung für Familien teuer

Deutlich schwieriger als der Einstieg in eine private Krankenversicherung gestaltet sich die Rückkehr in die gesetzliche Krankenkasse. Für Arbeitnehmer ist das nur möglich, wenn sie jünger als 55 Jahre sind und das Jahreseinkommen unter die Jahresarbeitsentgeltgrenze fällt. Selbstständige können sich erst dann erneut gesetzlich versichern, wenn sie wieder hauptberuflich im Anstellungsverhältnis tätig werden oder ihre Selbstständigkeit ganz aufgeben. Auch das „Umbuchen" der Kinder in die kostenlose Familienversicherung des gesetzlich versicherten Ehepartners funktioniert meistens nicht, weil die Versicherung der Kinder immer an den Ehepartner mit dem höheren Einkommen angedockt wird.

Rückkehr in die gesetzliche Krankenkasse schwierig

 Tipp: An die Zukunft denken

Angesichts der explosionsartig gestiegenen Beiträge der vergangenen Jahre sollten gerade jüngere Berufsaufsteiger nicht nur auf die aktuellen Beiträge schauen, sondern auch die weitere Lebens- und Familienplanung in den Vergleich einbeziehen. Weil die Beiträge regelmäßig steigen können und die Familiengründung weitere Kosten verursacht, ist der Wechsel in aller Regel nicht empfehlenswert.

**Beratung:
nie wirklich kostenlos**

Kostenlos und kompetent – das wünschen sich Verbraucher, wenn es um die Anlageberatung geht. Allerdings trifft auf die „kostenlosen Beratungen" von Banken und Finanzvermittlern häufig weder das eine noch das andere Merkmal zu.

So ist die Beratung – wie in diesem Buch bereits angeführt – nur scheinbar kostenlos, weil aus den Sparraten oder Anlagebeträgen des Kunden Provisionen für die Vermittler abgezweigt werden. Damit zahlt der Verbraucher praktisch immer dann, wenn er einen Vertrag mit einer Bank oder einem anderen Finanzdienstleister unterschreibt.

**Kundeninteressen stehen
hinter Provisionen zurück**

Das führt natürlich aus Sicht der Bank dazu, dass ein Kundengespräch immer dann rentabel ist, wenn am Ende der Abschluss eines Finanzprodukts dabei herauskommt. Mehr noch: Je nachdem, um welches Produkt es sich handelt, kann der Verkäufer mehr oder weniger Gewinn für die Bank erwirtschaften. Werden beispielsweise 10.000 Euro in einen börsennotierten Indexfonds investiert, dann erhält die Bank nur die Ordergebühren von 25 bis 100 Euro. Kann der Bankberater hingegen den Abschluss eines herkömmlichen Aktienfonds herbeiführen, dann gibt es beim gleichen Anlagebetrag 500 Euro Abschlussprovision plus jährlich weitere 40 bis 50 Euro Bestandsprovision für die Bank.

Dass die Bank oder Vertriebsorganisation natürlich vorrangig am Verkauf von provisionsstarken Produkten interessiert ist, liegt auf der Hand.

Verkaufen auf Teufel komm raus: das Dilemma der Berater

Geldinstitute und Finanzvertriebe streben nach maximal möglichem Gewinn, daher kommen neben der Fachkompetenz des Beraters zwei weitere Einflussfaktoren ins Spiel, die Sie als Verbraucher beim Betrachten der Beratungsqualität nicht unterschätzen sollten: zum einen der Vertriebsdruck der Bank und zum anderen die Redlichkeit des Beraters.

Gerade die Beraterinnen und Berater an vorderster Front sind oftmals hohem Druck ausgesetzt und müssen knallharte Verkaufsvorgaben erfüllen. Wie die Angestellten darunter leiden, zeigte im Jahr 2011 eine Studie der EBS Privatuniversität in Wiesbaden. Fast die Hälfte der rund 1.500 befragten Bankmitarbeiter schätzte die Vertriebsvorgaben als schwer erfüllbar bis unrealistisch ein. Interessanterweise sind im Private Banking – das ist das Bankgeschäft mit vermögenden Privatkunden – die Ziele weitaus weniger rigide als im Massengeschäft mit Otto Normalverbraucher. Offenbar fürchten viele Geldinstitute, dass ihnen die vermögenden Kunden genauer auf die Finger schauen als der Kleinkunde.

Berater unter starkem Vertriebsdruck

Damit befinden sich viele Berater in der Zwickmühle. Eigentlich wissen sie viel besser als der Kunde, ob das angepriesene Finanzprodukt für ihn überhaupt infrage kommt. Doch wenn sie ihre Verkaufszahlen nicht erfüllen, gibt es Ärger und Repressalien, womöglich droht sogar am Ende der Jobverlust. Knapp 40 Prozent der befragten Berater erkannten folgerichtig häufige oder gar anhaltende Konflikte zwischen den Interessen des Kunden und den Interessen der Bank.

Interessenkonflikte belasten Berater

Anders aufgebaut sind die Systeme meist bei Finanzvertrieben, wo die Berater meist nicht im Anstellungsverhältnis, sondern

Hohe Provisionen beeinflussen Beratungsstrategie

ausschließlich auf Provisionsbasis tätig sind. Hier wird oftmals weniger Druck mit Vorgaben ausgeübt – doch dafür winkt mit jedem Abschluss eine satte Provisionszahlung. Je mehr der Vermittler verkauft, umso höher ist sein Einkommen. Damit ist die Versuchung groß, einem unwissenden Kunden möglichst provisionsträchtige Produkte zu verkaufen. Wer als Berater unredlich arbeitet, kann zulasten der Kunden sein Einkommen deutlich nach oben schrauben.

Egal ob ein Berater aus Geldgier oder aus Angst vor Repressalien seinen Kunden unpassende Finanzprodukte aufschwatzt: Das Risiko der daraus resultierenden Fehlleistungen sollten Sie nicht unterschätzen.

In der Folge lesen Sie einige exemplarische Beispiele eklatanter Beratungsfehler. Diese sind natürlich nicht repräsentativ, doch stehen sie für Mängel in der Anlageberatung, die hierzulande leider immer noch an der Tagesordnung sind.

Von allem etwas – aber nichts, das passt

Der Fall hatte seinen Ursprung zu einem Zeitpunkt, der für viele Verbraucher nicht nur ein Wendepunkt im Leben ist, sondern auch die Gefahr finanzieller Fehlentscheidungen birgt. Bei einem Anleger wurden die angesparten Lebensversicherungen fällig und er suchte für die finanzielle Sicherheit im Rentenalter eine risikoarme Geldanlage.

Er wandte sich an die Deutsche Bank und bat darum, ihm eine „langweilige und konservative" Kapitalanlage herauszusuchen. Auf Anraten des Beraters wurden dann jedoch verschiedene und teilweise intransparente Zertifikate der Deutschen Bank gezeichnet. Es handelte sich dabei um Expresszertifikate, Expressbonuszertifikate und weitere ähnliche Produkte. Darüber hinaus wurde eine Beteiligung an die Kommanditgesellschaft Kompass 3 KG, die zwischenzeitlich vom Ombudsmann der privaten Banken als sittenwidrig eingestuft wurde, vermittelt.

Kundenwünsche werden oft ignoriert

Als Verluste eintraten, wandte sich der Anleger an die Verbraucherzentrale Nordrhein-Westfalen und bat um juristische Unterstützung. Nach einer Beratung bei der Verbraucherzentrale führte er ein Verfahren, das mit einem Vergleich endete.

Dann wurde es nochmals unangenehm, denn die Deutsche Bank erhob bei der Auszahlung des Vergleichsbetrags aus völlig unerfindlichen Gründen Abgeltungssteuer. Damit verringerte sich der Auszahlungsbetrag. Erst im Rahmen einer weiteren Klage konnte die Anerkennung des Landgerichts eingeholt werden, dass auf solche Vergleichszahlungen keinerlei Abgeltungssteuern zu erheben sind.

Ziehen Sie juristische Maßnahmen unbedingt in Erwägung

Obwohl eine Einigung im gegenseitigen Einvernehmen vorlag, bereitete das Geldhaus dadurch noch einmal Ärger und kam erst nach weiteren juristischen Schritten seiner Verpflichtung nach. So etwas nennt man landläufig einen schlechten Verlierer.

Senioren im Visier

Ältere Menschen sind bei Bankberatern und Finanzvermittlern als Kunden sehr beliebt, denn ihnen kann man oft auch Finanzprodukte verkaufen, die von jüngeren Anlegern

Berater profitieren von Gutgläubigkeit

kritisch betrachtet werden. Wenn die Gesundheit und Konzentrationsfähigkeit nachlassen, wird so manches Formular auch dann unterschrieben, wenn der Inhalt nicht wirklich verstanden worden sind. Überdies bringt gerade die ältere Generation den Banken noch ein verhältnismäßig hohes Vertrauen entgegen, was zuweilen gnadenlos ausgenutzt wird, um aus der Gutgläubigkeit Profit zu schlagen.

So liegt der Verbraucherzentrale Nordrhein-Westfalen der Fall einer Dame vor, die 77 Jahre alt und gesundheitlich stark eingeschränkt war. Sie besaß einen Bausparvertrag, den sie kündigen wollte. Die zuständige Beraterin der Wüstenrot Bausparkasse hatte dann weisungsgemäß die Kündigung vorgenommen, aber zeitgleich einen neuen Bausparvertrag abgeschlossen, ohne das mit der Kundin zu besprechen. Möglicherweise um die Situation zu verschleiern, übermittelte man der Dame die Unterlagen über den Neuabschluss erst Monate später. Darüber hinaus wurde ein bestehendes Wertpapierdepot ungefragt übertragen bzw. aufgelöst und es wurden mit dem Geld hauseigene Wertpapiere erworben. Dies entsprach ebenfalls nicht der Vorstellung der Kundin.

Alter und Schwäche von Anlegern werden ausgenutzt

Besonders tragisch ist ein Fall, von dem die Stiftung Warentest im Juli 2010 in der Zeitschrift *Finanztest* berichtete. Eine 90-jährige Frau hatte 2008 einen Anruf von ihrem Bankberater erhalten, der ihr empfahl, die im Depot liegenden Aktien in Fonds umzuschichten. Die Frau gibt an, diesen Vorschlag abgelehnt zu haben, dennoch kaufte der Berater in ihrem Namen Anteile an zwei Aktienfonds. Trotz des umgehenden schriftlichen Protests der Anlegerin nach dem Kauf und dem Fehlen von unterschriebenen Fondsaufträgen verlor sie die Schadenersatzklage. Der Berater legte vor Gericht einen von ihm selbst am Computer angefertigten Vermerk vor, der den Richtern am Münchener Landgericht als Beweismittel genügte. Zum Verhängnis wurde der Frau die Tatsache, dass damals noch keine Pflicht zum Anfertigen eines Beratungsprotokolls bestand und die Beweislast bei ihr lag.

Nach der Finanzkrise und den damit verbundenen Verlusten bei diversen Anlagezertifikaten berichtete im März 2010 das *Handelsblatt* von 60 zumeist älteren Anlegern, die wegen Verlusten mit einem Anleihederivat der Commerzbank Klage gegen das Geldinstitut einreichten. Viele der Betroffenen waren bereits über 70 Jahre alt, als sie das Papier auf Anraten der Commerzbank-Berater erworben hatten. In einem der Fälle kam der Banker sogar eigens ins Seniorenheim, um der damals 86-jährigen Bewohnerin – die ausdrücklich eine hundertprozentig sichere Geldanlage gewünscht hatte – den Kaufvertrag zur Unterschrift vorzulegen.

Skrupellos: Verkauf bis ins Seniorenheim

Besser verkaufen mit Psycho-Profilen

Auf ganz eigene Weise definierte die Hamburger Sparkasse (Haspa) den Begriff „Beratungsqualität". Im Kern ging es dem Geldinstitut darum, den Kunden noch mehr Finanzprodukte zu verkaufen. Als Hilfsmittel diente dabei die psychologische Klassifizierung der Kunden in verschiedene Charaktertypen. Die Beraterinnen und Berater waren angehalten, Profile der von ihnen betreuten Kunden nach einem bestimmten Schema zu erstellen und ihre Verkaufsstrategie gezielt auf die Befindlichkeiten des jeweiligen Kunden abzustimmen.

Für noch besseren Verkauf: psychologische Klassifizierung der Kunden

Einsortiert wurden die Kunden in sieben Schubladen: „Bewahrer", „Hedonisten", „Abenteurer", „Genießer", „Performer", „Tolerante" und „Disziplinierte". Das sollte in erster Linie dazu dienen, den Kunden im Verkaufsgespräch die Argumente zu servieren, auf die sie am besten in der von der Sparkasse gewünschten Weise reagierten. So wurde empfoh-

Psychologisch orientierte Argumentation der Verkäufer

len, bei den Bewahrern Ängste – beispielsweise vor der Inflation – aufzubauen, um ihnen dann ein vermeintlich sicheres Anlageprodukt verkaufen zu können. Den Genießern sollte man ausmalen, was sie sich einmal mit dem in Aussicht gestellten Gewinn aus der Kapitalanlage leisten können.

Dass sie auf diese Weise gezielt manipuliert wurden, teilte die Haspa ihren Kunden nicht mit. Erst als die Psycho-Masche aufflog und der Radiosender NDR anhand bankinterner Unterlagen Ende 2010 die Machenschaften öffentlich machte, gab die Haspa unter dem zunehmenden öffentlichen Druck nach. Die Erstellung von Psycho-Profilen wurde eingestellt und die Sparkasse sagte zu, die bereits gesammelten Daten wieder zu löschen.

Allerdings bleibt bis heute unklar, ob es sich hierbei um einen Einzelfall handelte oder ob dies nur die Spitze des Eisbergs gewesen ist.

[ ] Tipp: Entscheiden ohne Emotionen

Seien Sie wachsam, wenn Sie in der Anlageberatung auf einmal auf einer emotionalen Ebene angesprochen werden. Geldanlage ist eine nüchterne und rationale Angelegenheit, bei der Gefühlsentscheidungen schnell in die Irre führen können – vor allem dann, wenn sie vom Verkäufer mit gezielten Psycho-Tricks herbeigeführt worden sind mit dem Ziel, dessen Provisionseinnahmen zu erhöhen.

Anlageberatung im Test: immer wieder mangelhaft

Wenn die Stiftung Warentest ein Produkt unter die Lupe nimmt und Mängel feststellt, bessert der Hersteller es oft nach – schließlich ist ein Unternehmen nicht daran interessiert, dass die Verkaufszahlen aufgrund negativer Ergebnisse einbrechen. Doch Banken und Finanzdienstleister scheinen in dieser Hinsicht recht resistent zu sein. Schon seit Jahren nehmen Mitarbeiter der Verbraucherzentralen und der Stiftung Warentest in regelmäßigen Abständen mit anonymen Testberatungen die Qualität der Bank- und Finanzberater unter die Lupe. Trotz teilweise desaströser Ergebnisse lässt bislang ein ernsthaftes Bemühen der Finanzdienstleister um eine Verbesserung der Beratungsqualität auf sich warten. Hier eine kleine Chronologie ohne Anspruch auf Vollständigkeit.

Trotz zahlreicher schlechter Testergebnisse keine Besserung der Institute

- **April 2006.** Die Verbraucherzentrale Nordrhein-Westfalen schickt Azubis zu 24 Banken und Bausparkassen, um Testberatungen zu vermögenswirksamen Leistungen (vL) einzuholen. Den jungen Leuten wurden überwiegend Bausparverträge schmackhaft gemacht, während Aktienfonds als ebenfalls staatlich geförderte Alternative für den langfristigen Vermögensaufbau meist außen vor blieben. Fazit der Verbraucherschützer: Die meisten Gespräche verdienten das Prädikat „mangelhaft", weil viele wichtige Informationen unterschlagen wurden.
- **Juni 2008.** Ein halbes Jahr vor dem Inkrafttreten der Abgeltungssteuer prüft die Stiftung Warentest die Sachkenntnis der Bankberater. Die überwiegende Mehrzahl hat große Wissenslücken und gibt die falschen Tipps. Fazit der Tester: „Die Beratung kann nur besser werden."

- **Februar 2009.** Der Pfusch wird amtlich: Eine im Auftrag des Bundesverbraucherministeriums erstellte Studie kommt zu dem Ergebnis, dass bundesweit Bank- und Versicherungskunden bis zu 30 Milliarden Euro jährlich aufgrund schlechter Beratung verlieren. Bis zu 80 Prozent der Finanzprodukte werden vor der eigentlichen Fälligkeit gekündigt, was ein klares Indiz für gehäuft auftretende Beratungsmängel sei. Pro Jahr werde jeder Haushalt im Schnitt um 500 bis 750 Euro geschädigt.

- **Dezember 2009.** Die Mitarbeiter der Stiftung Warentest führen 147 verdeckte Testberatungen bei 21 Banken und Sparkassen durch. Kein Institut erhielt Note „Sehr gut", keins die Note „Gut". Der Primus erreichte gerade mal ein „Befriedigend". Dabei war die Aufgabenstellung denkbar einfach: Die Tester wollten nach der Finanzkrise 30.000 Euro sicher anlegen.

- **Dezember 2010.** Die Stiftung Warentest will es nochmals wissen und führt ein Jahr später erneut einen Beratungstest bei Banken durch. Die Hoffnung, dass die Banken aus den blamablen Ergebnissen des Vorjahrs gelernt haben, wird enttäuscht. Im Schnitt hat sich die Beratungsqualität sogar noch verschlechtert. Erhielten im Vorjahr noch zwei Geldinstitute die Note „Mangelhaft", waren es jetzt sechs Banken.

- **März 2011.** Die Verbraucherzentrale Nordrhein-Westfalen schickt eine Studentin zu zehn Versicherungsmaklern und -vertretern. Sie will wissen, ob sie jetzt schon fürs Alter vorsorgen soll, obwohl sie nach Abzug der Lebenshaltungskosten nur 100 Euro pro Monat übrig hat. Empfohlen wurde der jungen Dame alles, was Provision bringt: Rürup-Sparpläne, private Rentenversicherungen, Riester-Versicherungssparen. Keine der angeblichen Finanzexperten kam auf die richtige Antwort. Die hätte gelautet: Bevor man an die Altersvorsorge denkt, sollte erst mal ein finanzielles Polster für die nächsten Anschaffungen angespart werden. Aber am Tagesgeldkonto verdient der Vermittler eben kein Geld.

Ihre Rechte als Kunde von Banken und Finanzvertrieben

Keiner will Schuld tragen

Wenn eine Kapitalanlage statt der erhofften Rendite herbe Verluste einfährt, stellt sich oft schnell die Frage nach dem Schuldigen. Ist es der Anbieter des Anlageprodukts, der mit windigen Versprechungen in den Verkaufsunterlagen sowohl die Berater wie auch die Anleger auf den Holzweg geführt hat? Ist es der Vermittler der Kapitalanlage, der mit dem Blick auf die Provisionseinnahmen gegenüber dem Anleger nur die Renditechancen herausgestellt und die Risiken unterschlagen hat? Oder ist der Anleger selbst schuld, weil er sich trotz sachgerechter Aufklärung für eine Anlageform entschieden hat, die für seine Bedürfnisse viel zu riskant ist?

Bei der Erörterung dieser Fragen ist jeder der Beteiligten darauf bedacht, den Schwarzen Peter möglichst schnell weiterzuschieben. Ob dies zu Recht geschieht oder nicht, müssen häufig die Gerichte klären.

Überblick über
die Möglichkeiten

In diesem Kapital erfahren Sie nicht nur, welche juristischen Wege Sie beschreiten können, wenn Ihnen ein Schaden entstanden ist. Sie können hier auch nachlesen, welche Pflichten für Anlageberater gelten, wenn es um die Protokollierung des Beratungsgesprächs geht. Und es wird erläutert, wie lange Sie Ihre Anlageentscheidung widerrufen können, wenn Sie nach der Vertragsunterzeichnung feststellen, dass Sie dieses Finanzprodukt eigentlich gar nicht gewollt haben.

Die Beraterhaftung

Wenn sich ein vermeintlich sicheres Anlageprodukt als hochriskanter Verlustbringer oder gar als Totalausfall entpuppt, ist zu prüfen, inwieweit gegenüber dem Anlageberater oder -vermittler Schadenersatzansprüche wegen einer Verletzung von Aufklärungspflichten geltend gemacht werden können. Als Rechtsgrundlage dient hierbei die in der Vergangenheit insbesondere durch den Bundesgerichtshof ergangene Haftungsrechtsprechung, die letztendlich auch die Basis für die Ausformulierung der Verhaltensregeln des Wertpapier-handelsgesetzes bildete. In etlichen Urteilen haben die obersten Richter als Pflichtenstandard für die Anlageberatung festgelegt, dass Finanzanbieter ihre Kunden sowohl „anlage-gerecht" als auch „anlegergerecht" beraten müssen.

Haftungsrechtsprechung bietet Rechtsgrundlage

Das bedeutet im Klartext, dass einerseits umfassend über die Eigenschaften und Risiken der angebotenen Anlageformen aufgeklärt werden muss, wobei der Berater sich die entspre-chenden Informationen durch eine eigenständige Überprü-fung der Angebote zu beschaffen hat. Andererseits muss die Beratung die persönlichen Voraussetzungen, zum Beispiel den Wissensstand und bisherige Anlageerfahrungen des Kunden, sowie dessen Risikobereitschaft berücksichtigen.

Verstößt ein Kreditinstitut oder ein Finanzvermittler gegen die-se Grundsätze, so liegt eine Verletzung der Beratungspflicht vor. Weitere Entscheidungen des Bundesgerichtshofs und an-derer Obergerichte in Anlageberatungsfällen bestätigen, dass ein Berater seine Kunden sorgfältig, wahrheitsgemäß und vollständig über alle Tatsachen informieren muss, die für die Anlageentscheidung von Bedeutung sind. Dabei muss vor al-lem auf die bestehenden Anlagerisiken hingewiesen werden.

Beratungspflicht umfasst vollständige, sorgfältige und wahrheitsgemäße Informationen

Im Zusammenhang mit hochspekulativen Börsentermin-geschäften muss sogar eine allgemeine schriftliche Risiko-erklärung vorgelegt werden, die vom Kunden zu unter-schreiben ist. Beinhaltet die konkrete Anlageform über die typischen Risiken solcher Geschäfte hinaus weitere zusätzliche Verlustrisiken, zum Beispiel aufgrund hoher Abschluss-gebühren, so hat darüber ebenfalls eine schriftliche Aufklärung zu erfolgen. Erweckt der Berater durch seine Aussagen den Eindruck, dass die in den Erklärungen geschilderten Risiken in Wirklichkeit wesentlich geringer sind, haftet er selbst dann, wenn er formal richtig aufgeklärt hat.

Keine Garantie für Gewinne

Nicht haften muss der Anlageberater dagegen für den Fall, dass ein erhoffter Anlageerfolg nicht eintritt. Verspricht zum Beispiel nach der Aussage des Beraters eine bestimmte Aktie zum Anlagezeitpunkt aller Voraussicht nach hohe Kursgewinne und treten diese, nachdem Sie solche Papiere gekauft haben, nicht ein, so haftet der Berater nicht, wenn er Sie vorher grundlegend über die allgemeinen Kursrisiken einer Aktienanlage aufgeklärt hat. Sinkt nicht nur der Kurs, sondern geht die als aussichtsreiche Unternehmensbeteiligung angepriesene Aktiengesellschaft pleite, wäre dagegen wiederum zu klären, ob Ihr Anlageberater seine Empfehlung auch wirklich sorgfältig genug überprüft hat oder ob ein Verstoß gegen die Verhaltensregeln des Wertpapierhandelsgesetzes bzw. die Rechtsprechungsgrundsätze zur Beratungshaftung vorliegt.

Keine Verpflichtung besteht für Anlageberater, Ihnen immer die günstigste Anlageform anzubieten. Schadenersatzansprüche können hier höchstens dann geltend gemacht werden, wenn das verkaufte Produkt fälschlicherweise als das beste Marktangebot dargestellt wird.

Anleger muss Bank Falschberatung nachweisen

Allerdings gilt als eiserne Regel, dass im Streitfall nicht die Bank eine korrekte Beratung nachzuweisen hat, sondern der Anleger gegenüber der Bank eine Falschberatung nachweisen muss. Allein die Tatsache, dass Verluste angefallen sind, wird dabei von den Richtern meist nicht als Beweismittel gewertet. Dies musste auch ein Ehepaar, das sich ratsuchend an die Verbraucherzentrale Nordrhein-Westfalen gewandt hatte, schmerzlich erfahren.

Lange Jahre hatte das Paar seine Ersparnisse ganz traditionell auf Sparbüchern liegen. Dann wurde ihnen ab 1999 vom Berater bei ihrer Genossenschaftsbank nahegelegt, trotz Unerfahrenheit in jeglichen Börsengeschäften das Geld auf riskante Anlageprodukte umzuschichten. Schon bald wandelte sich die Struktur ihres Vermögens: Das Geld wurde von den Sparbüchern abgehoben und in einen bunten Mix aus Optionsscheinen, Aktienanleihen, Aktien, Zertifikaten und Investmentfonds gesteckt.

Nicht lange darauf entstanden herbe Verluste. Als das Ehepaar einen Anwalt beauftragte, waren Verluste in Höhe von 23.000 Euro bereits verjährt. Um den Ausgleich weiterer Verluste in Höhe von 33.000 Euro stritten sie mit der Bank vor Gericht. In erster Instanz verpflichtete das Gericht die Bank zum Schadenersatz wegen Falschberatung, allerdings kassierte die Berufungsinstanz das Urteil wieder ein – denn es lagen nicht genügend hieb- und stichfeste Belege vor, mit denen der Bank Beratungsfehler nachgewiesen werden konnten.

Belege sind für Nachweis einer Falschberatung wichtig

Das Beratungsprotokoll

Seit Anfang 2010 sind Banken verpflichtet, von jeder Wertpapierberatung ein schriftliches Protokoll anzufertigen und davon ein Exemplar dem Anleger auszuhändigen. Nach dem Willen des Gesetzgebers sollen Bankkunden damit die Möglichkeit haben, sich die Inhalte des Gesprächs noch einmal vor Augen zu führen und zu prüfen, ob die Bank in ihrer Beratung die Bedürfnisse des Verbrauchers berücksichtigt hat. Doch gleich vorweg die Einschränkung: Die Protokollpflicht gilt nur dann, wenn es um Wertpapiere oder Investmentfonds geht – die Beratungen zu Tages- oder Festgeldern sind nicht protokollpflichtig.

Beratungsprotokollpflicht gilt nicht für Tages- und Festgeld

Die Formvorschriften für das Beratungsprotokoll sind recht weit gefasst. Der Gesetzgeber verlangt kein einheitliches Formular, sondern schreibt nur vor, welche Bestandteile im Protokoll enthalten sein müssen. Dokumentiert werden müssen:

- der Anlass und die Dauer des Beratungsgesprächs,
- alle Informationen über die persönliche Situation des Kunden, die für die Beratung relevant sind,
- Angaben über die Finanzprodukte, um die es im Gespräch geht,
- die Wünsche und Anlageziele des Kunden sowie deren Gewichtung und
- die Produktempfehlungen des Beraters mitsamt einer schlüssigen Begründung, weshalb er zu diesen Empfehlungen kommt.

Protokoll unterschreibt nur der Anlageberater

Das Protokoll muss vom Berater, nicht aber vom Kunden unterschrieben werden. Letzteres dient dem Schutz des Kunden: Der Gesetzgeber will nicht, dass das Protokoll vom Kunden unterschrieben wird, da er fürchtet, dass dies als Anerkenntnis einer ordnungsgemäßen Beratung gewertet wird. Vor dem Vertragsabschluss muss der Kunde ein Exemplar ausgehändigt bekommen. Ist dies beispielsweise bei einer telefonischen Beratung nicht möglich, muss der Berater dem Kunden das Protokoll direkt im Anschluss zusenden.

Rücktrittsrecht bei Mängeln des Protokolls

Er muss in diesem Fall im Protokoll außerdem vermerken, dass der Kunde ausdrücklich einen Geschäftsabschluss vor Erhalt des Protokolls gewünscht hat. Darüber hinaus hat der Kunde ein einwöchiges Rücktrittsrecht, wenn das Protokoll fehlerhaft oder unvollständig ist. Darauf muss der Anleger im Protokoll gesondert hingewiesen werden.

Die Beweislast für die Richtigkeit des Protokolls trägt in diesen Fällen die Bank.

Weil das Beratungsprotokoll im Streitfall als Hilfsmittel dienen soll, sollten Sie dessen Inhalt besonders sorgfältig prüfen und bei Unstimmigkeiten sofort eine Korrektur verlangen. Wie sich das Protokoll auch zum Nachteil des Anle-

gers auswirken kann, zeigt ein Urteil des Oberlandesgerichts
Bamberg (Urteil vom 14.11.2011, Az. 3 U 162/11). Im Rechts-
streit ging es um den kreditfinanzierten Erwerb einer vermieteten Eigentumswohnung nach einer Anlageberatung durch
einen Finanzdienstleister. Der Käufer behauptete, der Verkäufer habe ihm verschwiegen, dass unter Berücksichtigung
der vom Vermieter zu tragenden Nebenkosten die Einnahmen
niedriger seien als die monatliche Kreditrate. In dem vom
Käufer unterzeichneten Protokoll war hingegen festgehalten,
dass von den Mieteinnahmen noch die Nebenkosten für Verwaltung und Rücklagen abzuziehen sind.

Protokoll kann sich auch negativ auswirken

Der Beipackzettel

Wenn es um Risiken und Nebenwirkungen geht, werden
nicht nur Medikamente mit einem Beipackzettel ausgestattet. Seit Juli 2011 besteht für Banken und andere
Wertpapierdienstleistungsunternehmen die gesetzliche
Pflicht, dem Kunden ein Produktinformationsblatt über die
empfohlene Anlageform auszuhändigen. Bei Investmentfonds wird dieses Informationsblatt auch als „Key Investor
Information" bezeichnet. Die Vorgabe des Gesetzgebers: Es
muss klare Aussagen über die für eine Anlageentscheidung
wesentlichen Beurteilungskriterien wie Rendite, Risiko
und Kosten der Anlageempfehlung enthalten. Es darf nicht
mehr als zwei DIN-A4-Seiten umfassen, in Ausnahmefällen
nicht mehr als drei Seiten, etwa bei Derivaten und Termin-
geschäften. Insbesondere müssen die folgenden Fakten
enthalten sein:

Anlagekriterien im Produktinformationsblatt

- die Art des Anlageprodukts,
- seine Funktionsweise,
- die damit verbundenen Risiken,

- die Aussichten für die Kapitalrückzahlung und Erträge unter verschiedenen Marktbedingungen,
- die mit der Anlage verbundenen Kosten.

Nahezu die Hälfte der Informationsblätter mangelhaft

Eigentlich eine klare Ansage. Allerdings fand sie in der Bankenwelt nur wenig Gehör, wie eine im März 2012 veröffentlichte Studie des Bundesverbraucherministeriums zeigte: 43 Prozent aller untersuchten Produktinformationsblätter waren formal unvollständig oder unrichtig, weil überflüssige und unzulässige Angaben gemacht wurden oder wichtige Angaben fehlten.

Für geschlossene Fonds gilt seit Anfang Juni 2012, dass dem Anleger ein Vermögensanlage-Informationsblatt ausgehändigt werden muss, sofern die Beratung bei einer Bank stattfindet. Freie Fondsvermittler müssen die Informationsblätter erst ab 2013 aushändigen. Allerdings gilt die Regelung nur für Fonds, die nach dem Stichtag aufgelegt wurden. Damit fehlen noch Erfahrungswerte, um den Nutzen dieser Blätter abschließend zu beurteilen.

Persönliche, unabhängige Beratung nötig und nützlich

Generell gilt jedoch: Genauso wenig wie der Beipackzettel eines Medikaments den Arztbesuch ersetzen kann, sind die Beipackzettel für Finanzanlagen ein Ersatz für eine fundierte Beratung. Und diese taugt allein dann, wenn sie nicht über Provisionen von denen finanziert wird, die den Beipackzettel erstellt haben.

Widerrufsrecht bei Finanzgeschäften

Wie bereits erwähnt, sehen die Regelungen zum Beratungsprotokoll unter bestimmten Bedingungen ein Rücktrittsrecht
vor. Aber nicht nur im Zusammenhang mit dem Protokoll haben Kapitalanleger die Möglichkeit, im Zuge einer Widerrufs-
erklärung ihre Entscheidung wieder rückgängig zu machen.

Die gesetzliche Grundlage bilden die Regelungen zu sogenannten Haustürgeschäften. Darunter sind nicht nur die klassischen
Käufe bei Hausierern zu verstehen, sie umfassen alle Geschäfte, die nicht in den Geschäftsräumen des Anbieters, sondern in der Privatwohnung des Kunden abgeschlossen werden.

Widerrufsrecht bei Haustürgeschäften

Dabei gibt es jedoch auch **Ausnahmen**. So unterliegen die
beim Kunden abgeschlossenen Verträge nicht den Regelungen zum Haustürgeschäft, wenn

- es sich um Versicherungsverträge oder um notariell be-
  urkundete Verträge handelt,
- eine sofort erbrachte und bezahlte Leistung bis zum Wert
  von 40 Euro erworben wird,
- der Käufer den Vertreter selbst ins Haus bestellt hat.

Das bedeutet jedoch nicht, dass Versicherungsverträge
unwiderruflich abgeschlossen sind. Im Gegenteil: Für Versicherungen gilt ein eigenes Widerrufsrecht, das in den Paragrafen 8 und 9 des Versicherungsvertragsgesetzes geregelt
und sogar noch kundenfreundlicher als die Regelungen zum
Haustürgeschäft gestaltet ist.

Eigenes Widerrufsrecht für Versicherungen

Darin steht klar und eindeutig: Der Versicherungsnehmer
kann seine Vertragserklärung innerhalb von 14 Tagen widerrufen. Der Widerruf ist in Textform gegenüber dem Versicherer

Keine Begründung für Widerruf erforderlich

zu erklären und muss keine Begründung enthalten. Zur Fristwahrung genügt die rechtzeitige Absendung. Die Widerrufsfrist beginnt zu dem Zeitpunkt, zu dem folgende Unterlagen dem Versicherungsnehmer in Textform zugegangen sind:

1. der Versicherungsschein und die Vertragsbestimmungen einschließlich der Allgemeinen Versicherungsbedingungen sowie die weiteren Informationen nach § 7 Abs. 1 und 2,
2. eine deutlich gestaltete Belehrung über das Widerrufsrecht und über die Rechtsfolgen des Widerrufs, die dem Versicherungsnehmer seine Rechte deutlich macht.

Weniger Ausnahmen als bei Haustürgeschäften

Auch die Liste der Ausnahmen ist deutlich kürzer und vor allem für private Verbraucher weniger relevant als die Ausnahmen beim Haustürgeschäft. Nur wenn es sich um kurzlaufende Versicherungen mit maximal einem Monat Vertragslaufzeit, Versicherungspolicen für Großschäden, Verträge mit Pensionskassen im Rahmen der betrieblichen Altersvorsorge oder um vorläufige Deckungszusagen handelt, gibt es keine Widerrufsfrist. Ansonsten kann jeder Versicherungsvertrag innerhalb von 14 Tagen wieder rückgängig gemacht werden.

[ ] Tipp: Im Zweifel den Vertrag rasch prüfen lassen

Wenn Sie im Rahmen eines Haustürgeschäfts einen Vertrag unterschrieben haben und sich nicht hundertprozentig sicher sind, ob dies für Sie das Richtige war, sollten Sie das Geschäft so schnell wie möglich von einem unabhängigen Experten – etwa bei einer Verbraucherzentrale – prüfen lassen. Mit dieser Vorgehensweise können Sie die 14-tägige Widerrufsfrist nutzen, um bei einem negativen Ergebnis ohne Schaden aus dem Vertrag wieder herauszukommen.

Die Prospekthaftung

Die Prospekthaftung richtet sich nicht gegen den Berater, der Ihnen womöglich eine unseriöse Geldanlage aufgeschwatzt hat, sondern gegen den Anbieter der Anlage selbst. Wenn eine neue Kapitalanlage auf den Markt gebracht wird –

beispielsweise eine Aktie, eine Anleihe, ein Anlagezertifikat, ein Investmentfonds oder ein geschlossener Fonds –, dann muss der Herausgeber den interessierten Anlegern einen Emissions- oder Verkaufsprospekt zur Verfügung stellen. Geregelt ist die Prospekthaftung in den Paragrafen 20 bis 22 des Vermögensanlagengesetzes (VermAnlG).

Auch der Anbieter einer Anlage muss haften

Dazu kommt eine Reihe höchstrichterlicher Urteile, die zumeist auf Basis der Informationspflichten nach dem Bürgerlichen Gesetzbuch (BGB) getroffen wurden. Auch hier gilt sinngemäß die Verpflichtung, dass die Angaben im Prospekt der Wahrheit entsprechen und die Risiken verständlich dargestellt werden müssen. Im Unterschied zur Haftung nach dem Börsengesetz gilt hier der Grundsatz, dass Ansprüche auch zu einem späteren Zeitpunkt als sechs Monate nach dem Abschluss der Anlage geltend gemacht werden können – nämlich bis zu drei Jahre nach dem Eintritt in das Beteiligungsmodell.

In der Praxis ist es jedoch oftmals schwierig, Schadenersatz aus der Prospekthaftung auch wirklich durchzusetzen. Der Prospektmangel muss entweder grob fahrlässig oder sogar vorsätzlich herbeigeführt worden sein, damit der Initiator der Kapitalanlage festgenagelt werden kann. Missverständlich auslegbare Formulierungen hingegen ziehen nicht zwangsläufig einen Regressanspruch nach sich.

Keine Ansprüche bei missverständlichen Formulierungen

Ein weiteres Problem liegt darin, dass der Anspruch zwar geltend gemacht werden kann – aber das Unternehmen vielleicht längst pleite ist. In diesem Fall würde Ihnen auch ein höchstrichterlich bestätigter Vollstreckungsbescheid wenig nützen, wenn sich die Initiatoren mit Ihrem Geld schon in eine Schwarzgeldoase abgesetzt haben.

Ombudsleute:
schlichten statt richten

Schlichtung als mögliche Alternative

„Auf hoher See und vor Gericht ist man allein in Gottes Hand" – dieser in Juristenkreisen beliebte Spruch verdeutlicht, dass der Ausgang eines Gerichtsprozesses mit vielen Unwägbarkeiten verbunden ist. Das bringt für alle Beteiligten nicht zuletzt ein hohes Kostenrisiko mit sich – je nach Streitwert und Anzahl der Instanzen können verlorene Prozesse für Verbraucher zur teuren Kostenfalle werden. Um ihren Kunden im Streitfall eine neutrale und kostenfreie Anlaufstelle zu bieten, haben die Verbände der Banken- und Versicherungswirtschaft sogenannte Ombudsleute eingesetzt. Der Begriff stammt ursprünglich aus dem skandinavischen Raum und bedeutet so viel wie Schlichter oder Vermittler – womit deren Arbeit bereits recht treffend beschrieben ist.

Damit ein außergerichtliches Schlichtungssystem von den beschwerdeführenden Kunden akzeptiert wird, braucht es gewisse Anreize. So ist das Verfahren beim Ombudsmann oder der Ombudsfrau für die Kunden stets kostenlos – lediglich die Aufwendungen für Porto oder Telefongespräche müssen aus eigener Tasche bezahlt werden. Darüber hinaus ist für den Verbraucher der Schlichterspruch nicht bindend. Das heißt: Wenn Sie mit der Entscheidung unzufrieden sind, können Sie immer noch auf gerichtlichem Wege gegen die Bank oder die Versicherung vorgehen.

Je nach Zugehörigkeit des Geldinstituts zu einer bestimmten Bankengruppe sind verschiedene Anlaufstellen für die Beschwerden der Kunden zuständig, die weisungsunabhängig prüfen und handeln. Dabei gibt es jedoch Differenzen, wenn es um die Verbindlichkeit des Schlichtungsspruchs geht.

- **Private Banken.** Für alle Privat- und Großbanken, die dem Bundesverband deutscher Banken angehören, ist die ehemalige Vizepräsidentin des Bundesgerichtshofs (BGH) Gerda Müller als Ombudsfrau tätig. Beschwerden werden über den Bundesverband deutscher Banken eingereicht und von der Ombudsfrau geprüft. Bis zu einem Streitwert von 5.000 Euro ist ihre Entscheidung für die Bank bindend, während der Kunde trotz Schlichterspruchs den Rechtsweg beschreiten kann.
- **Sparkassen.** Die Zuständigkeit für Sparkassenkunden hängt davon ab, in welcher Region sich die Sparkasse befindet. Für einige Bundesländer ist eine zentrale Schlichtungsstelle beim Deutschen Sparkassen- und Giroverband zuständig, in anderen Bundesländern gibt es ebenfalls auf Verbandsebene regionale Schiedsstellen. Im Gegensatz zum Verfahren bei privaten Banken ist der Schlichtungsvorschlag unabhängig vom Streitwert weder für den Kunden noch für das Geldinstitut verbindlich.
- **Genossenschaftsbanken.** Für die genossenschaftliche Bankengruppe fungiert der ehemalige BGH-Richter Alfons van Gelder beim Bundesverband der deutschen Volks- und Raiffeisenbanken (BVR) als Ombudsmann. Wie bei den Sparkassen ist auch sein Schlichtungsvorschlag weder für die Bank noch für den Kunden bindend.
- **Versicherungen.** Auch die Versicherungen haben eine eigene Schlichtungsstelle eingerichtet. Dort kümmert sich der ehemalige BGH-Richter Günter Hirsch um die Beschwerden der Kunden. Wenn der Kunde einen Nachteil von weniger als 10.000 Euro erlitten hat, ist der Bescheid für den Versicherer bindend.

Weil das Verfahren für den Kunden stets kostenlos ist und die Option zum Einreichen einer gerichtlichen Klage offenbleibt, sind mit dem Gang zur Schlichtungsstelle zumindest keine Nachteile verbunden. Überdies wird die Verjährungsfrist für die Dauer des Schlichtungsverfahrens angehalten. Kunden von privaten Banken und Versicherungen sind dabei

Keine Nachteile bei Inanspruchnahme einer Schlichtung

im Vorteil, weil bei kleinerem Streitwert der Anbieter den Schlichterspruch akzeptieren muss.

Wie manche Geldinstitute zuweilen trotz eindeutiger Empfehlung des Schlichters einfach auf stur schalten, verdeutlicht ein Fall, von dem das *Handelsblatt* im April 2012 berichtete. Eine 61-jährige Anlegerin suchte eine Kapitalanlage für den näher rückenden Rentenbeginn. Doch statt einer sicheren Festgeld- oder Sparbriefanlage empfahl ihr der Berater der Commerzbank, für 15.000 US-Dollar einen geschlossenen Schiffsfonds zu zeichnen. Nach Aussage der von der Kundin eingeschalteten Verbraucherzentrale Hamburg wurde sie weder über die Verlustrisiken aufgeklärt noch über die Tatsache, dass der Vertrag frühestens zu Jahresende 2036 kündbar war – die Kundin wäre zu diesem Zeitpunkt 89 Jahre alt.

Bank zur Angabe der Provisionen verpflichtet

Die Anlegerin wandte sich an die Ombudsfrau der privaten Banken und führte dort unter anderem auch an, dass die Bank sie vor Vertragsschluss nicht über ihre Provisionen informiert hatte. Einen Teil der Provisionen verschwieg die Commerzbank sogar noch im Schlichtungsverfahren, obwohl sie nach einschlägigen Urteilen des Bundesgerichtshofs dazu verpflichtet war. Der Schlichterspruch war klar und eindeutig: Die Bank solle das Geschäft rückabwickeln und die Kundin so stellen, als hätte sie den Vertrag niemals unterzeichnet.

Doch die Hoffnung der Anlegerin, mithilfe der Ombudsfrau aus ihrer misslichen Lage herauszukommen, erwies sich als trügerisch. Die Commerzbank lehnte nämlich in einem Schreiben an die Kundin den Schlichterspruch rundweg ab. Lapidare Begründung: Weil der Streitwert höher sei als 5.000 Euro, müsse die Bank der Empfehlung der Ombudsfrau nicht folgen.

[ ] Tipp: Renitenz der Institute einkalkulieren

Bei größeren Anlagesummen sowie für Kunden von Sparkassen und Genossenschaftsbanken bleibt auch bei einer positiven Entscheidung das Risiko, dass die Bank den Schlichterspruch einfach ignoriert. In solchen Fällen kann es empfehlenswert sein, von einer Verbraucherzentrale den Sachverhalt juristisch prüfen zu lassen und gegebenenfalls eine Klage einzureichen.

So schützen Sie sich vor schwarzen Schafen

Die Vielzahl an juristischen Streitfällen und immer wieder
bekannt werdende rüde Vertriebsmethoden sind klare
Alarmsignale für private Anleger: Das Risiko, in der Anlageberatung an schwarze Schafe zu geraten, sollte nicht unter-
schätzt werden. Die Erfahrung hat gezeigt, dass unseriöse
Praktiken in allen Bankengruppen und Finanzvertrieben vorkommen können.

Standhaft bleiben bei scheinbar tollen Angeboten

Damit sind letztlich Sie selbst als Verbraucher gefordert,
wenn Sie Ihr hart erspartes Geld nicht verlieren und die
Unwägbarkeiten eines Prozesses wegen Berater- oder
Prospekthaftung meiden wollen. Wenn es Ihnen gelingt,
fragwürdige Verkaufsmaschen oder intransparente Anlageprodukte rechtzeitig zu erkennen, ist das bereits ein Gewinn
für Sie. Gegenüber verlockenden Renditeversprechungen
standhaft zu bleiben, bringt zwar das Risiko mit sich, dass
Sie mit einer allzu sicherheitsorientierten Anlagestrategie
auf das eine oder andere Zinsprozent verzichten. Doch Ihr
Geld ist Ihnen damit immer noch sicher. Investieren Sie Ihre
Ersparnisse hingegen in hochriskante Anlageprodukte, dann
drohen im ungünstigen Fall hohe Verluste.

Das altbekannte Sprichwort, dass der Spatz in der Hand
mehr nützt als die Taube auf dem Dach, ist bei der Kapitalanlage in aller Regel ein guter Hinweis.

Typische Vertriebsmethoden

Ein guter Verkäufer weiß, wie man den Kunden zum Abschluss führt – am besten so diskret, dass jener die Mani-
pulation überhaupt nicht bemerkt. Wenn das Produkt die
Versprechungen des Verkäufers erfüllt, mag man dessen

psychologische Tricks noch als Verkaufskunst bewundern. Doch derselben Mittel bedienen sich auch die halbseidenen Verkäufer des grauen Kapitalmarktes, und dann ist für Sie als Verbraucher allerhöchste Vorsicht geboten.

Zunächst einmal sollten Sie sich darüber im Klaren sein, dass ganz bewusst mit kleinen psychologischen Tricks versucht wird, dem Kunden ein Produkt schmackhaft zu machen. Das gilt übrigens nicht nur für Finanzprodukte, sondern praktisch für alle möglichen Geschäfte. Nur kann es bei Kapitalanlagen weitaus gravierendere Folgen haben als beim Kauf einer neuen Hose oder eines Fernsehers. Hier nun einige beliebte Verkaufstricks im Kurzüberblick:

Psycho-Tricks der Verkäufer

- **Der Türöffner-Trick.** „Guten Tag, ich möchte Ihnen eine Geldanlage mit hohen Nebenkosten verkaufen" – so meldet sich sicherlich kein Vermittler bei Ihnen an. Mit dem Angebot einer „kostenlosen Rentenberatung" oder einer „objektiven Finanzanalyse" wird der ungebetene Besucher jedoch auf einen Schlag sympathischer. Und wenn er dann noch sagt, Ihr Bekannter XY sei ein hochzufriedener Kunde von ihm, dann hat er womöglich gute Chancen auf eine offene Tür.
- **Der Termin-Trick.** Um einen Termin bei einem Kunden zu erhalten, obwohl dieser erst einmal ablehnt, kennen Verkäufer einige Tricks. Keine Zeit? „Kein Problem, wäre Ihnen dann Dienstag- oder Donnerstagabend lieber?" Kein Interesse? „Sie sollten doch erst einmal erfahren, um welches Produkt es sich überhaupt handelt." Kein Geld? „Dann ist es aber höchste Zeit, mit dem Vermögensaufbau zu beginnen." Und schon bekommt man Besuch, den man eigentlich nie empfangen wollte.
- **Der Komplimente-Trick.** Sitzt der Verkäufer am Wohnzimmertisch, geht es nicht gleich zur Sache. Er bewundert den sicheren Geschmack des künftigen Kunden bei der Inneneinrichtung, lobt die guten Manieren der kleinen Tochter und schmiert ihm oder ihr noch allerlei Honig um den Mund. Das bestätigt den Verbraucher – und lullt ihn ein, so wie es in der Verkaufsstrategie geplant ist.

- **Der Umschreibungs-Trick.** Nur ungern wird der Verkäufer so manche Finanzprodukte beim echten Namen nennen. Viel lieber wird aus der privaten Rentenversicherung ein „Renten-Sorglos-Paket" geschnürt oder der Dachfonds wird zum „Rendite-Investment-Plan". Überhaupt wimmelt es im Verkäuferdeutsch von Plänen, Investments und Paketen. Aber Sie sollten die verbale Verpackung ignorieren und lieber den Inhalt kritisch betrachten.

- **Der Zahlen-Trick.** Zumindest optisch billiger ist eine Versicherung, die 9,90 pro Monat anstatt 118,80 Euro pro Jahr kostet. Wenn es um die Kosten geht, können die Zahlen gar nicht klein genug gehäckselt werden. Eine Kfz-Versicherung für nur 1,99 Euro pro Tag – kein Problem! Doch das gibt trotzdem eine Jahresprämie von 726,35 Euro! Umgekehrt werden bei Sparverträgen und Kapitalanlagen die Zeiten immer länger und die Zahlen immer größer. Ist der Zeitraum nur lang genug, hilft der Zinseszinseffekt auch Mini-Renditen auf die Sprünge. Wie machen Sie in 30 Jahren aus 10.000 Euro ein Endkapital von 32.435 Euro? Ganz einfach – wenn Bundeswertpapiere im Schnitt vier Prozent Zinsen im Jahr bringen, reicht es. Lassen Sie sich von eindrucksvollen Zahlen nicht blenden und rechnen Sie nüchtern nach.

- **Der Fremdwörter-Trick.** Wenn die Fakten zum Produkt verschleiert werden sollen, wimmelt es in Prospekt und Verkaufsgespräch oft von Fremdwörtern wie „Performance", „Securities" oder „Top-down-Strategie". Das soll Sie gleichermaßen verwirren und beeindrucken, und so mancher Verbraucher traut sich nicht, seine Unkenntnis zuzugeben und ein klares Deutsch einzufordern. Man tut so, als ob man mitreden könnte – und läuft geradewegs in die Falle.

- **Der Zeitdruck-Trick.** Auf keinen Fall soll aus Sicht des unseriösen Anbieters der Kunde Zeit haben, die Unterlagen einige Tage lang kritisch zu prüfen. Daher baut der Vermittler Druck auf, indem er behauptet, der Abschluss sei nur noch heute möglich. Sie sollten jedoch wissen: Wer

Ihnen keine Zeit geben will, um das Angebot nochmals unter die Lupe zu nehmen, hat etwas zu verbergen.

Äußerst beliebt ist auch die Masche, einen vermeintlichen „Geheimtipp" mit der Chance auf Traumrenditen zu präsentieren. Allerdings können Sie getrost davon ausgehen, dass an den weltweiten Kapitalmärkten, wo Nachrichten in Sekundenschnelle die Runde machen, verborgenes Wissen praktisch nicht existiert – es sei denn, es handelt sich um vertrauliche Insider-Informationen von Managern der betreffenden Aktiengesellschaft. Deren Nutzung für gewinnbringende Börsengeschäfte ist strafbar!

„Geheimtipps" sicheres Zeichen für Komplikationen

Der Mär von Traumrenditen, die sich mit entsprechender Marktkenntnis angeblich erzielen lassen, sollten Sie keinen Glauben schenken. Am Kapitalmarkt gilt schon seit jeher ein ganz einfaches Naturgesetz: Je höher die erwartete Rendite, umso größer ist für den Investor auch das Verlust- oder Totalausfallrisiko. Wenn Sie Bundeswertpapiere erwerben, haben Sie eine bescheidene, aber sichere Verzinsung. Erwarten Sie hingegen den doppelten Gewinn, dann bringt Ihre Kapitalanlage immer auch ein hohes Ausfallrisiko mit sich – und am Ende haben Sie womöglich statt des erwarteten Gewinns einen Verlust oder gar einen Totalausfall.

Etliche Finanzvertriebe setzen beim Verkauf auf einen Faktor, der dem Verkäufer einen großen Vertrauensvorschuss bringt. Die – häufig nebenberuflich tätigen – Mitarbeiter werden angehalten, die Produkte an ihre eigenen Freunde, Bekannten und Verwandten zu verkaufen. Besonders perfide: Oft werden ganz bewusst fachfremde Laien angeheuert, die bei den Offerten die Fallstricke nicht bemerken und selbst entsprechend arglos und begeistert sind.

Laien nicht vertrauen – auch wenn es Freunde sind

Wenn der Schwindel einige Zeit später auffliegt, dann ist es zu spät. Nicht nur die Anleger, sondern nicht selten auch die Verkäufer selbst zählen zu den Geschädigten, weil sie selbst in die Finanzprodukte investiert haben. Schwierig kann es dann werden, wenn der Verkäufer aufgrund mangelhafter Beratung in die Haftung genommen werden soll, denn die Hemmschwelle ist groß, jemanden aus dem Bekanntenkreis vor Gericht zu bringen.

[ ] Tipp: Auch bei guten Bekannten Nein sagen

Werden Sie hellhörig, wenn der Metallfacharbeiter oder Automechaniker plötzlich zum Finanzfachmann wird und Ihnen Geldanlagen schmackhaft machen will, hinter denen sich zumeist komplizierte Versicherungs- oder Beteiligungsmodelle verbergen. Auch wenn das Neinsagen schwerfällt: Riskieren Sie lieber mit einer klaren Absage eine kurzfristige Eintrübung des Verhältnisses als mit einer dubiosen Kapitalanlage einen hohen Verlust und den endgültigen Bruch der Freundschaft.

Checkliste: Beratungsgespräch und Anlageprotokoll

Unabhängig davon, ob es sich um Produkte des grauen Kapitalmarkts, um Versicherungssparpläne, Bankangebote oder Investmentprodukte handelt: Nur wenn die Beratung fachgerecht abläuft, haben Sie die Gewissheit, dass die angebotene Kapitalanlage auch wirklich zu Ihrem Bedarf passt. Einen hohen Stellenwert nimmt dabei das Beratungsprotokoll ein – denn im Fall einer Falschberatung können Sie damit die Inhalte des Gesprächs dokumentieren. Die Checkliste hilft Ihnen, Spreu und Weizen zu trennen.

Ablauf des Gesprächs:

☐ Hat der Berater/Vermittler eine nachweisbare finanzwirtschaftliche Qualifikation?

☐ Haben alle am Geschäft Beteiligten – Vermittler, Vertriebsorganisation und Produktanbieter – ihren Hauptsitz in Deutschland?

☐ Wird die Funktionsweise der Kapitalanlage in verständlichen und klaren Worten erläutert?

☐ Können Sie die Funktionsweise der Kapitalanlage detailliert nachvollziehen?

☐ Werden die Risiken eindeutig benannt und wird die Ausfallwahrscheinlichkeit beziffert?

☐ Wird das Risiko von Devisenkursschwankungen verständlich erläutert, wenn Ertrags- oder Finanzierungsbestandteile in Fremdwährungen vorhanden sind?

☐ Werden die externen und internen Nebenkosten für Abschluss und laufende Verwaltung aufgeschlüsselt?

☐ Werden Ihre Vorgaben in Bezug auf Verfügbarkeit/Kündigungsfristen und Risiko in vollem Umfang berücksichtigt?

⋯⟶

Checkliste: Beratungsgespräch und Anlageprotokoll   Fortsetzung

Das gehört ins Anlageprotokoll:

☐ Name und Adresse von Kunde, Berater und gegebenenfalls Vertriebsorganisation

☐ Welche Verlustrisiken können und wollen Sie eingehen?

☐ Welchem Zweck soll die Anlage dienen (zum Beispiel Vermögensaufbau, Eigenmittel für späteren Hauskauf)?

☐ Welche weiteren Anlagen und Kredite sind vorhanden?

☐ Wann muss der Anlagebetrag wieder zur Verfügung stehen?

☐ Welches Anlageprodukt wird empfohlen?

☐ Wie hoch ist die voraussichtliche Rendite des Anlageprodukts?

☐ Welche Verlustrisiken sind damit verbunden?

☐ Wie werden die Erträge steuerlich behandelt?

☐ Nicht vergessen: Datum und Unterschrift des Beraters.

Problematische Produkte

Nicht nur bei den Verkaufsmethoden findet sich immer wieder ein ähnliches Strickmuster, sondern auch bei bestimmten Finanzprodukten. Da gibt es vergleichsweise unproblematische Anlagegattungen wie Tages- und Festgeldkonten, Ratensparpläne oder Sparbriefe, mit denen recht selten Schmu getrieben wird. Auf der anderen Seite tauchen immer wieder ähnlich konzipierte Anlageprodukte auf, wenn es Ärger mit Banken oder Finanzdienstleistern gibt.

Etliche der hier genannten Kapitalanlagen wurden bereits im Zusammenhang mit konkreten Streitfällen erwähnt. An dieser Stelle finden Sie nochmals in aller Kürze eine Auflistung der Produktkategorien, bei denen Sie äußerste Vorsicht walten lassen sollten.

Klar: Nicht jeder Anbieter der aufgeführten Produkte ist unseriös. Aber die Wahrscheinlichkeit, dass sie hier entweder an halbseidene Anbieter geraten oder die Produkte sich im Nachhinein als weitaus riskanter als erwartet entpuppen, ist vergleichsweise hoch.

Empfohlene Produkte lassen Schlüsse auf Seriosität des Beraters zu

- **Geschlossene Fonds.** Die Beteiligungsmodelle des grauen Kapitalmarkts, bei denen Sie in Immobilien oder unternehmerische Aktivitäten investieren sollen, bergen grundsätzlich ein sehr hohes Verlustrisiko. Erschwerend kommt hinzu, dass kaum staatliche Aufsicht vorhanden ist, die Kosten wenig transparent gemacht werden und hohe Vertriebsprovisionen das Chancen-Risiken-Verhältnis drastisch verschlechtern. Generell sollten Sie von solchen Kapitalanlagen die Finger lassen.
- **Anlagezertifikate.** Meist werden Zertifikate von Banken gestrickt, um schnell auf einen modischen Anlagetrend aufspringen und den Kunden entsprechende Anlageprodukte verkaufen zu können. Vor allem bei komplexen Konstruktionen ist es für Laien kaum noch nachvollziehbar, ob als Lohn für die eingegangenen Risiken auch eine angemessene Rendite geboten wird. Anlagezertifikate sind Modeerscheinungen, auf die Sie ohne Not verzichten können.
- **Fondsgebundene Versicherungen.** Diese Anlageform nützt ausschließlich dem Verkäufer, der in den komplizierten Konstruktionen hervorragend jede Menge Kosten verstecken kann. Wenn Sie schon in Fonds investieren wollen, sollten Sie ganz einfach und direkt Investmentfondsanteile kaufen – am besten bei einer Direktbank oder einem Discountbroker, wo Ihnen der Ausgabeaufschlag ganz oder teilweise erlassen wird.
- **Außerbörsliche Wertpapiere.** Egal ob Aktie, Genussschein oder Anleihe: Wenn ein Wertpapier nicht von einem renommierten Herausgeber stammt und ganz offiziell an der

Börse gehandelt wird, sollten Sie es auf gar keinen Fall kaufen. Die Erfahrung zeigt, dass die Investoren im außerbörslichen Markt viel öfter ihre Wertpapiere in den Wind schreiben mussten und allenfalls in Ausnahmefällen eine gute Rendite erzielen konnten.

■ **Wettgeschäfte.** Sogenannte Derivate wie Optionsscheine oder Termingeschäfte bergen stets das Risiko des Totalverlustes. Zwar ist die Versuchung groß, gegen den Markt zu wetten und im Glücksfall das große Los zu ziehen. Aber es ist wie im Lotto: Die allermeisten verlieren Geld, und nur ganz wenige sind auf der Gewinnerseite.

[ ] **Tipp: Auf den Inhalt schauen, nicht aufs Etikett**

Häufig verwenden Banken und andere Finanzanbieter andere Begriffe, um den Anlegern zu suggerieren, dass es sich um sichere Kapitalanlagen handelt. So gab es bereits „Schatzbriefe", die in Wirklichkeit Anlagezertifikate waren und mit den Bundeswertpapieren überhaupt nichts zu tun hatten. Achten Sie daher in erster Linie auf den Aufbau des Produktes und nicht auf den Namen. Und im Zweifelsfall gilt: Unterschreiben Sie keinen Vertrag, wenn Sie den Inhalt nicht hundertprozentig verstanden haben.

Bewahren Sie Ihre Eltern vor Finanzhaien

Schon im Kapitel „Beraten und verkauft" wurde die besondere Gefahr angesprochen, in der sich Senioren als Anleger befinden. Ein vergleichsweise hohes Geldvermögen auf der einen Seite und ein hoher Respekt vor den „Finanzfachleuten" der Banken auf der anderen Seite ergeben bei ihnen häufig eine unglückselige Kombination.

Dass skrupellose Finanzverkäufer hochriskante und vollkommen unpassende Anlageprodukte an Senioren verkaufen

können, wird durch einen typisch deutschen Faktor be-
günstigt – nämlich der hohen Hemmschwelle, mit anderen
übers Geld zu sprechen. Das betrifft häufig sogar die eigene
Familie, wo selbst im Schadensfall gegenüber den eigenen
Kindern verschämt verschwiegen wird, dass man eine vier-
oder fünfstellige Summe in den Sand gesetzt hat.

Vor allem die Generation der heute 40- bis 60-Jährigen ist
gefordert, wenn es darum geht, die eigenen Eltern vor den
Machenschaften der Finanzindustrie zu schützen. Schritt für
Schritt und mit viel Einfühlungsvermögen gilt es, das Tabu-
thema Geld im Familienkreis transparenter zu machen.

Bieten Sie Ihren Eltern an, bei Anlageberatungen vor der Ver-
tragsunterschrift noch einmal das Kleingedruckte zu prüfen.
Erklären Sie Ihren Eltern, dass der nette Berater von der
Hausbank meist nicht aus Böswilligkeit intransparente und
überteuerte Produkte verkauft. Sondern weil er durch die
rigiden Verkaufsvorgaben so unter Druck steht, dass er keinen anderen Weg sieht, als sein Problem an der Stelle des
geringsten Widerstands zu lösen – und das ist der Verkauf
von Kapitalanlagen an Senioren.

Es ist eine anspruchsvolle Aufgabe, bei der Sie zuweilen
auch auf Widerstand stoßen werden. Schließlich ist es jahr-
zehntelang auf die altbewährte Weise gut gegangen, und
schließlich sind Ihre Eltern geistig noch genügend auf der
Höhe, um ihre Angelegenheiten selbst regeln zu können.

Wenn diese Argumente kommen, sollten Sie deutlich machen: Sie haben keine Zweifel an der finanziellen Kompe-
tenz Ihrer Eltern – aber die Zeiten haben sich so schnell ge-
wandelt, dass mancher Finanzdienstleister die Grundwerte
des ehrbaren Kaufmanns über Bord geworfen hat. Und dagegen hilft am besten die Devise, dass bei der Prüfung eines
Anlageangebots vier Augen die Fallstricke eher erkennen
können als zwei.

Honorarberatung als Alternative

Würden Sie die kostenlose Leistung eines Steuerberaters in Anspruch nehmen, wenn dieser vom Finanzamt einen prozentualen Anteil Ihrer Steuerschuld als Lohn für seine Arbeit erhalten würde? Ob Unternehmensberater, Steuerberater oder Rechtsanwalt: Bei den allermeisten beratenden Berufen ist es üblich, dass die Beratung über das Honorar des Klienten finanziert wird. Nur bei der Anlage- und Finanzberatung hat sich die Provisionsfinanzierung bis heute hartnäckig gehalten.

Dennoch gibt es die Möglichkeit, sich ohne Interessenkonflikte gegen Honorar in finanziellen Angelegenheiten beraten zu lassen oder einzelne Angebote durch Finanzfachleute unter die Lupe nehmen zu lassen. So bieten die Verbraucherzentralen in Deutschland die Beratung zu Geldanlage, Altersvorsorge und Baufinanzierung an. Die Beratungstermine können persönlich, telefonisch oder per E-Mail mit der Verbraucherzentrale vereinbart werden und finden in deren Räumlichkeiten statt. Mit der Prüfung der Qualifikation und internen Weiterbildungen stellen die Verbraucherzentralen sicher, dass die Berater in ihrem Fachgebiet kompetent sind.

Verbraucherzentralen bieten unabhängige, seriöse Beratung

Darüber hinaus gibt es eine noch eher kleine, aber stetig wachsende Zahl an freiberuflichen Anlageberatern, die auf Honorarbasis arbeiten. Allerdings birgt die bislang noch fehlende Regulierung des Marktes einige Fallen für den Anleger. Während andere Berufsstände wie Rechtsanwälte oder Steuerberater standesrechtlich verpflichtet sind, ausschließlich im Interesse ihres Mandanten zu handeln, ist dieser Schutzmechanismus bei den Finanzberatern noch nicht vorhanden. Praktisch jeder kann sich als „Honorarberater" bezeichnen und in diesem Segment tätig werden.

„Honorarberater" keine geschützte Bezeichnung

138 So schützen Sie sich vor schwarzen Schafen

Honorarberatungen bieten nicht zwangsläufig die beste Leistung

Dies kann im schlimmsten Fall dazu führen, dass ein Anleger für die Honorarberatung viel Geld bezahlt und dennoch im Vergleich zur provisionsabhängigen Beratung keine bessere Leistung erhält, während der Berater sowohl das Kundenhonorar als auch die Vermittlungsprovision einstreicht. Andere Honorarberater beschränken sich auf den Versicherungsbereich und bieten als Alternative zur klassischen Policenvermittlung die honorarbasierte Beratung beim Abschluss von provisionsfreien Nettotarifen an. Bei dieser Konstellation fehlt jedoch oftmals der ganzheitliche Blick auf die Lebens- und Finanzplanung des Klienten.

Damit wird deutlich: Wenn die Unsicherheiten bei der Anlageberatung ausgeräumt werden sollen, ist eine aufsichtsrechtliche Regelung zum Beruf des Honorarberaters unumgänglich. Ein Vorbild hierfür könnten die Vorschriften sein, die für öffentlich bestellte und vereidigte Gutachter für Kapitalanlage und Baufinanzierung gelten. Die Tätigkeit des Gutachters geht nicht nur mit einem strikten Verbot zur Provisionsannahme einher, sondern auch mit der Verpflichtung zur Qualifikation und regelmäßigen Weiterbildung. Mit einer solchen klaren Regelung könnte der Berufsstand der Honorarberater den Anlegern die Glaubwürdigkeit bieten, die in der provisionsgebundenen Beratung nur allzu oft vermisst wird.

[ ] Tipp: Qualifikationen genau prüfen

Wenn Sie nicht die Beratungsleistung einer Verbraucherzentrale in Anspruch nehmen, sondern einen freiberuflichen Honorarberater aufsuchen, sollten Sie dessen Qualifikation kritisch unter die Lupe nehmen und sich von ihm schriftlich versichern lassen, dass er keine Provisionen von Finanzanbietern entgegennimmt bzw. erhaltene Provisionen in voller Höhe an seine Kunden weiterreicht.

Nehmen Sie Ihre Finanzen selbst in die Hand

**Falsche „Experten"
entlarven**

Wer sich in einer Materie selbst nicht auskennt, muss demjenigen vertrauen, der als Experte auftritt und die Sachverhalte erklärt. Das ist im Bereich der Naturwissenschaften so und auch nicht anders, wenn es um wirtschaftliche und finanzielle Zusammenhänge geht. Bei der Geldanlage resultiert daraus jedoch ein wichtiger Nachteil: Wenn der Experte entweder gar kein solcher ist oder seinen Wissensvorsprung ausnutzt, um aus dem Verkauf fragwürdiger Finanzprodukte Profit zu schlagen, dann reißt die Wissenslücke ein tiefes Loch in Ihren Geldbeutel.

Das bedeutet: Je mehr Sie selbst über Ihre Finanzen Bescheid wissen und je kompetenter Sie ohne Hilfestellung von außen entscheiden können, umso geringer ist das Verlustrisiko, weil Sie einem falschen Berater vertraut haben.

**Kenntnis der wichtigsten
Grundregeln reicht aus**

Um eigenverantwortliche Entscheidungen über die Geldanlage und Altersvorsorge treffen zu können, müssen Sie weder Betriebswirtschaft studieren noch eine Ausbildung zum Bankkaufmann machen. Die wichtigsten Grundregeln sind einfach zu lernen, und auf nutzloses Wissen können Sie ohnehin verzichten – denn es genügt, über die Finanzprodukte informiert zu sein, die Sie auch wirklich brauchen. Und das sind erfreulicherweise nur ganz wenige.

Der erste Schritt: Einnahmen und Ausgaben im Griff behalten

Der erste wichtige Schritt zum systematischen Umgang mit Geld besteht darin, sich einen realistischen Überblick über die laufenden Einnahmen und Ausgaben zu verschaffen. Auch wenn Sie meinen, dass Sie das auch ohne Dokumentation ganz gut einschätzen können, sollten Sie sich dennoch die Mühe machen und Ihre Geldbewegungen auflisten. Das Gefühl trügt nämlich oft– und so mancher Ausgabenposten ist bei genauer Betrachtung deutlich umfangreicher als ursprünglich angenommen.

Mit bescheidenem Zubehör können Sie beginnen, Ihre Geldzu- und -abflüsse systematisch zu erfassen– zwei Schuhkartons und ein Haushaltsbuch genügen vollauf. Gewöhnen Sie es sich an, beim Einkaufen oder Tanken stets den Kassenzettel mit nach Hause zu nehmen. Dort wandert er dann in den ersten Karton, wo die noch einzutragenden Belege gesammelt werden. Auch Ihre Kontoauszüge sollten Sie hier zunächst deponieren. Dort finden Sie nämlich die Lastschriften, die ohne Extrabeleg von Ihrem Girokonto abgebucht werden.

Überblick durch einfaches System

Am besten einmal pro Woche sollten Sie sich dann Zeit nehmen, um die gesammelten Belege in das Haushaltsbuch zu übertragen. Nach dieser Erfassung kommen sie in die zweite Kiste, wo die nun eingetragenen Belege zwischengelagert werden. Je nach Wichtigkeit können sie von dort aus dann abgelegt oder entsorgt werden.

Ob Sie das Haushaltsbuch auf Papier oder als Tabellenkalkulation auf dem Computer, als Vordruck oder eher formlos führen, bleibt Ihnen überlassen. Wichtig ist jedoch, dass Sie sowohl die Einnahmen als auch die Ausgaben in bestimmten Rubriken katalogisieren, damit Sie den optimalen Überblick über Ihr finanzielles Verhalten haben. Vorgedruckte Haushaltsbücher mit detaillierten Erläuterungen und weiteren geldwerten Tipps können Sie beispielsweise in den Beratungsstellen der Verbraucherzentrale erwerben. Die einfachste Variante besteht darin, ein DIN-A4-Heft so aufzuteilen, dass immer auf dem linken Blatt die Einnahmen und auf dem rechten Blatt die einzelnen Ausgabekategorien zusammengefasst sind. Dabei können Sie sich an den nachfolgend aufgeführten Rubriken orientieren.

- **Einnahmen.** Zu Ihrem Leidwesen ist das vom Umfang her meist die kleinste Rubrik im Haushaltsbuch. Hier ist die monatliche Gehalts- oder Rentenzahlung zu finden, hinzukommen je nach persönlicher Situation Kindergeld, Erziehungsgeld, Eigenheimzulage sowie Zins- oder Dividendenausschüttungen.
- **Ausgabenrubrik „Lebenshaltung".** Hier werden die Aufwendungen eingetragen, die aus dem täglichen Bedarf resultieren. Dazu zählen unter anderem Lebensmittel, Kosmetika und Körperpflege, aber auch kleine Anschaffungen wie Bücher oder CDs.
- **Ausgabenrubrik „Gebühren, Abos, Dienstleistungen".** In dieser Kategorie befinden sich Rundfunkgebühren sowie Ausgaben für Zeitungen, Zeitschriften, Fahrkarten, Kontoführung und Telefon. Auch Versicherungsbeiträge sind hier zu finden. Wenn diese nur einmal pro Jahr abgebucht werden, sollten Sie den Betrag durch zwölf teilen und das Ergebnis als monatlichen Anteil in Ihrer Einnahmen- und Ausgaben-Rechnung berücksichtigen.
- **Ausgabenrubrik „Anschaffungen".** Größere Einkäufe, die nicht der laufenden Lebenshaltung zuzuordnen sind, können hier aufgelistet werden. Darunter fallen beispiels-

weise Schuhe und Kleidung, Möbel, Haushaltsgeräte oder Unterhaltungselektronik.

- **Ausgabenrubrik „Kinder".** Um den finanziellen Bedarf Ihrer Kinder richtig einzuschätzen, sollten Sie hier alle Ausgaben bündeln, die für Ihre Kinder notwendig sind. Typische Bestandteile sind: Kindergartengebühren, Lernmaterialien für die Schule, Taschengeld, Anschaffungen wie Kleider oder Spielzeug für die Kinder oder Zuschüsse für Schulausflüge oder Schullandheim.
- **Ausgabenrubrik „Auto".** In diesem Bereich kommt mehr zusammen, als Sie vielleicht denken: nicht nur die Benzinbelege, sondern auch Inspektionen und Reparaturen sowie jeden Monate ein Zwölftel der jährlichen Kfz-Steuer und Versicherung.
- **Ausgabenrubrik „Wohnen".** Was hier aufgeführt wird, hängt davon ab, ob Sie Mieter oder Eigentümer sind. Mietzahlungen, Raten für Baukredite, Grundsteuer, Nebenkosten sowie die Kosten für Wasser, Strom und Müllabfuhr sowie die Gebäude- oder Hausratversicherung sind hier zu finden.
- **Ausgabenrubrik „Kredit- und Sparraten".** Ob Sie diese Rubrik trennen oder zusammenfassen, bleibt Ihnen überlassen. Die einzelnen Bewegungen pro Monat sind meist nicht so zahlreich, sodass Sie auch bei der zusammengefassten Rubrik den Überblick nicht verlieren. Auf jeden Fall gibt Ihnen das Verhältnis von Sparraten zu Kreditraten eine wichtige Information: Sie sehen gleich, ob Sie vorausschauend auf künftige Anschaffungen ansparen oder ob Sie Ihren bereits getätigten Käufen per Ratenkredit „hinterhersparen".
- **Ausgabenrubrik „Persönliche Extras".** Systematisch wirtschaften heißt nicht, dass Sie sich selbst nichts mehr gönnen sollen! Dennoch ist es sinnvoll, die Ausgaben für die kleineren oder größeren Extras getrennt von der laufenden Lebenshaltung aufzuführen. Hier finden Sie die Ausgaben fürs Ausgehen oder für Ihre Hobbys, aber auch – wieder durch das Teilen der jährlichen Kosten durch zwölf – den monatlichen Anteil für Urlaub und Reisen.

Auch wenn es anfangs etwas Mühe macht, sollten Sie dennoch zumindest über einige Monate die Führung des Haushaltsbuchs konsequent betreiben. Dann können Sie mit der Auswertung beginnen.

Erste Klärung: Verhältnis von Einnahmen zu Ausgaben

Die erste und wichtigste Frage lautet: Liegen Ihre Einnahmen dauerhaft höher als Ihre Ausgaben? Wenn Sie diese mit einem „Ja" beantworten können, haben Sie eine sogenannte positive Liquiditätsreserve. Das bedeutet: Sie sind in der komfortablen Situation, dass Sie jeden Monat einen finanziellen Überschuss erwirtschaften und damit Spielraum – beispielsweise für geplante Anschaffungen – haben.

Sind hingegen Ihre Ausgaben höher als Ihre Einnahmen, ist Ihre Liquiditätsreserve negativ – und das kann mittel- bis langfristig gefährlich werden. Wenn Sie über Guthaben verfügen, brauchen Sie jeden Monat etwas davon. Die Folge: Ihr Vermögen schmilzt langsam aber sicher dahin, weil Sie es verkonsumieren.

[ ] Tipp: Früh reagieren

Alarmierend ist die Situation, wenn Sie bereits in den roten Zahlen stecken und Ihre Kredite ständig anwachsen. In diesem Fall sollten Sie schnellstmöglich alle Ausgaben radikal kürzen, wenn sie nicht absolut notwendig sind. Das ist zwar unangenehm – aber es ist immer noch die bessere Lösung, rechtzeitig den Gürtel enger zu schnallen, als vielleicht bald schon in der Schuldenfalle zu sitzen und alles verloren zu haben.

Auch wenn alles im grünen Bereich ist, bietet sich mit dem Haushaltsbuch die Gelegenheit, Ihre Ausgaben auf überflüssige Posten zu prüfen. In den alltäglichen Kleinigkeiten verstecken sich viele Einsparpotenziale, die sich übers Jahr zu stattlichen Summen addieren können. Im Folgenden einige Möglichkeiten, wie Sie ohne Verzicht auf Lebensqualität bei einigen Ausgaben des Alltags ordentlich sparen können:

- **Bei größeren Anschaffungen Preise vergleichen.** Ob Haushaltsgeräte, Auto, Möbel oder Unterhaltungselektronik – beim Kauf höherwertiger Güter können Sie viel Geld sparen, wenn Sie sich bei verschiedenen Händlern nach den Preisen erkundigen. Über das Internet können Sie den Vergleich sogar bequem von zu Hause aus durchführen, indem Sie einige Online-Shops durchforsten. Nicht selten finden Sie günstige Angebote auch bei Fachhändlern mit gutem Service, die eben gerade für ein bestimmtes Produkt eine Sonderaktion durchführen.

- **Abos durchforsten.** Lesen Sie wirklich jede Zeitschrift und Zeitung, die Sie bekommen? Falls nicht, sollten Sie überflüssige Abos einfach kündigen.
- **Ernährungsverhalten prüfen.** Hier geht es nicht darum, dass Sie gute Lebensmittel durch minderwertige Ware ersetzen. Im Gegenteil: Fertiggerichte bieten meist wenig Frische und sind teuer. Mit saisonaler Frischware wird das Kochen zwar etwas zeitaufwendiger, aber in aller Regel deutlich kostengünstiger – und ganz nebenbei auch gesünder.
- **Günstiger telefonieren.** Während das Telefonieren vom Festnetz aus meist dank preiswerter Flatrates nur noch geringe Kosten verursacht, sind das Telefonieren vom Handy aus und der mobile Zugriff aufs Internet oft teuer. Prüfen Sie, ob Sie durch den Umstieg auf einen günstigeren Mobilfunktarif oder eine Änderung Ihres mobilen Telefon- und Surfverhaltens Kosten sparen können.

[ ] Tipp: Erkenntnisse aus dem Haushaltsbuch nutzen

Nutzen Sie ein Haushaltsbuch auf jeden Fall – selbst wenn Sie es nur in vereinfachter Form tun. Es liefert Ihnen nicht nur aktuelle Informationen über Ihre Einnahmen und Ausgaben, sondern ist auch die beste Basis für Ihre finanzielle Planung. Hier sehen Sie nämlich auf einen Blick, wie viel monatliche Reserven für zusätzliche Sparraten oder für die Kreditfinanzierung von Anschaffungen blieben.

Vielleicht erscheinen die Beträge, die sich durch solche Verhaltensänderungen einsparen lassen, recht gering. Doch weil die Ausgaben ständig wiederkehren, summieren sich hier kleine Beträge im Lauf der Zeit zu hohen Summen. Wenn Sie beispielsweise Ihre monatliche Telefonrechnung im Schnitt um 15 Euro reduzieren, sparen Sie im Lauf von fünf Jahren 900 Euro.

Der zweite Schritt: Finanzplanung mit einfachen Mitteln

Bevor Sie Geld anlegen oder einen Sparplan abschließen, sollten Sie wissen, wofür Sie das Guthaben einsetzen wollen. Wollen Sie damit eine ganz bestimmte Anschaffung finanzieren oder möchten Sie das Geld ohne bestimmten Verwendungszweck langfristig auf die hohe Kante legen? Solche Überlegungen haben großen Einfluss auf die Auswahl der geeigneten Anlageprodukte.

Gut geplant ist halb gewonnen

Mit der Finanzplanung betreiben Sie noch lange keine höhere Mathematik, sondern versuchen ganz einfach, Ihre künftigen Ausgaben und Investitionen – sei es der Kauf eines Autos oder einer neuen Wohnungseinrichtung, die Kapitalbildung für ein späteres Studium Ihrer Kinder oder die Altersvorsorge – mit Ihren finanziellen Möglichkeiten in Einklang zu bringen.

Auch wenn die individuellen Sparziele ganz unterschiedlich sein können, lassen sie sich doch in eine der folgenden Kategorien einordnen. Das vereinfacht die Finanzplanung ganz gewaltig, wie Sie gleich sehen werden. Doch zunächst die vier wichtigsten Sparziele.

■ **Liquidität.** Die „eiserne Reserve" dient dazu, dass Sie bei ungeplanten Ausgaben – wenn beispielsweise die Waschmaschine den Geist aufgibt und dringend eine neue her muss – nicht gleich einen teuren Raten- oder Dispokredit aufnehmen müssen. Das Geld sollte auf jeden Fall sicher angelegt und rasch verfügbar sein. Als Faustregel gilt, dass die Liquiditätsreserve etwa zwei bis drei Nettomonatsgehälter betragen sollte.

- **Anschaffungssparen.** Hier ist die Spardauer meist auf wenige Jahre begrenzt, und oftmals sollte das Geld zu einem bestimmten Zeitpunkt zur Verfügung stehen. Weil Sie Wertverluste nicht einfach aussitzen können, indem Sie das Geld nochmals fünf Jahre liegen lassen, steht auch hier die Sicherheit ganz klar im Vordergrund. Bei der Verfügbarkeit kommt es darauf an, ob der Zeitpunkt der Investition fest eingeplant ist oder ob Sie innerhalb eines bestimmten Zeitrahmens darauf zugreifen möchten.
- **Altersvorsorge.** Der langfristige und stetige Aufbau von Kapital soll dabei helfen, dass Sie damit später einmal Ihre Rente aufbessern können. Kurzfristige Verfügbarkeit ist in der Regel nicht notwendig. Die Sicherheit der Anlage sollte im Lauf der Zeit stetig zunehmen oder von vornherein auf ein klar begrenztes Anlagerisiko abgestimmt werden.
- **Vermögensbildung.** In diese Rubrik fallen die Geldanlagen und Sparpläne, die nicht für die Reservenbildung, das Anschaffungssparen oder die Altersvorsorge notwendig sind. Hier können Sie im Rahmen Ihrer persönlichen Risikoneigung auch eine höhere Schwankungsintensität in Kauf nehmen, weil dieses Guthaben nicht von vornherein zweckgebunden ist. Gleichwohl sollten Sie auf Flexibilität achten, um bei einer Veränderung der Marktverhältnisse schnell reagieren und Ihre Anlagen umschichten zu können.

Nun gilt es noch, diese vier Kategorien in die richtige Rangfolge zu bringen, damit Sie nicht am falschen Ende mit der Geldanlage beginnen. So würde Ihnen der langfristige Vermögensaufbau mit Aktienfonds wenig nützen, wenn Sie dringend eine Anschaffung finanzieren müssen, keine Liquiditätsreserve haben und die Börse tief im Minus steckt.

(Spar-)Reihenfolge beachten!

Daher lautet die Reihenfolge:

1. Die Liquiditätsbildung hat absoluten Vorrang. Mit einem ausreichenden finanziellen Polster können Sie bei ungeplanten Anschaffungen teure Raten- oder Dispokredite

vermeiden und damit hohe Zinskosten einsparen. Je nach Haushaltsgröße und Anspruch sollten zwei bis vier Netto-Monatsgehälter auf der hohen Kante liegen.

2. Mit dem Anschaffungssparen beginnen Sie, wenn die Liquiditätskasse gefüllt ist. Erstellen Sie am besten wie ein Unternehmen einen Investitionsplan für die kommenden vier bis fünf Jahre und richten Sie frühzeitig Sparpläne ein. Auch hier ist die Vermeidung von teuren Ratenkrediten das primäre Ziel.

3. An dritter Stelle steht die Altersvorsorge. Staatliche Fördermittel wie Riester-Zulage oder Steuervergünstigungen bei der betrieblichen Altersvorsorge helfen Ihnen beim Vermögensaufbau. Auch das selbst genutzte Eigenheim oder die finanzielle Vorsorge für eine spätere Ausbildung der Kinder sind in diese Kategorie einzuordnen.

4. Der freie Vermögensaufbau steht – auch wenn er die größte Angebotsvielfalt an Finanzprodukten mit sich bringt – an letzter Stelle auf der Prioritätenliste.

[ ] Tipp: Altersvorsorge hat Vorrang

Beim Umsetzen dieser Reihenfolge sollten Sie darauf achten, dass zumindest bis einschließlich zur Altersvorsorge keine längere „Trockenzeit" herrscht. Wenigstens für staatlich geförderte Anlagemodelle wie das Riester-Sparen sollte noch Geld übrig sein. Ist dies nicht der Fall, sollten Sie sich überlegen, bei welchen geplanten Anschaffungen Sie Ihre Ansprüche herunterschrauben können und ob die Möglichkeit besteht, durch Ausgabenkürzungen – siehe Haushaltsbuch – mehr finanziellen Freiraum für die Altersvorsorge zu schaffen.

Der dritte Schritt: Kümmern Sie sich nur um die wichtigen Finanzprodukte

Die schlechte Nachricht zuerst: Am deutschen Markt gibt es schätzungsweise mehr als 10.000 Finanzprodukte, die Privatanlegern angeboten werden – eine unüberschaubare Masse, die selbst Experten nicht mehr überblicken können.

Und nun die gute Nachricht: 99 Prozent davon können Sie schlicht und einfach ignorieren. Vielleicht hätten Sie mit irgendeinem Exoten gute Gewinne gemacht. Aber viel wahrscheinlicher ist, dass Sie damit Geld verloren hätten. Also ist es für die meisten Verbraucher am einfachsten, alles links liegen zu lassen, was sie nicht wirklich brauchen. Damit sind Sie schon bei der Kernfrage angelangt: Welche Finanzprodukte sind für Sie sinnvoll?

Ignorieren und selektieren

Zahlungsverkehr und Liquidität

Jeder Haushalt braucht ein Girokonto und die Möglichkeit, Geldautomaten zu nutzen und bargeldlos zu zahlen. Damit benötigen Sie auf jeden Fall eine EC-Karte – die praktisch bei jedem Girokonto dabei ist – und je nach persönlichem Bedarf eventuell noch eine Kreditkarte.

Weil die allermeisten Girokonten keine Guthabenzinsen bringen, sollten Sie Ihre kurzfristig verfügbare Finanzreserve der Bank nicht zinslos ausleihen. Für diesen Zweck brauchen Sie ein Anlageprodukt, das keine Verlustrisiken birgt und Ihnen jederzeit den Zugriff auf Ihr Geld ermöglicht. Die ideale Lösung ist ein Tagesgeldkonto bei einer Bank, die der

Wichtig: gutes Tagesgeldkonto

deutschen Einlagensicherung angehört. Das muss längst nicht immer die Bank sein, bei der Sie Ihr Girokonto führen, denn vor allem Direktbanken ohne eigene Filialen bieten oft deutlich mehr Zinsen als Filialbanken.

Leitlinie Standardzinsen

Die Einrichtung eines Tagesgeldkontos funktioniert ganz einfach. Zunächst sollten Sie prüfen, welche Bank auf Sicht der letzten zwei bis drei Jahre und auch heute noch hohe Zinsen bietet. Maßstab sind dabei nicht die zeitlich begrenzten Lockzinsen für Neukunden, sondern die Standardzinsen – sonst müssen Sie nämlich alle paar Monate aufs Neue nach einem wirklich guten Tagesgeldangebot Ausschau halten. Die Kontoeröffnung findet entweder in der Bankfiliale statt oder Sie schicken die Formulare auf dem Postweg, wobei in der Postfiliale Ihre Identität und Unterschrift geprüft wird. Als Verrechnungskonto dient Ihr Girokonto, von dem Sie einfach per Überweisung Anlagebeträge transferieren. Der Abruf von benötigtem Geld erfolgt meist per Internet oder telefonisch.

[ ] Tipp: Sparbuch ist überflüssig, weil unrentabel

In diesem Zusammenhang sollten Sie wissen, dass das gute alte Sparbuch zu den Finanzprodukten zählt, die Sie nicht brauchen. Zum einen ist in der Regel der kurzfristige Abruf ohne dreimonatige Kündigungsfrist auf 2.000 Euro pro Monat beschränkt und zum anderen gibt es fürs Tagesgeldkonto oftmals höhere Zinsen.

Sparen auf Anschaffungen

Beim Sparen auf mittelfristig geplante Investitionen müssen Sie zwar nicht sofort wieder auf Ihr Geld zugreifen können. Doch ebenso wie bei der eisernen Reserve hat auch hier die Sicherheit der Geldanlage oberste Priorität – schließlich wollen Sie es ja nicht vom Auf und Ab der Börse abhängig machen, ob Sie sich am Ende einen Kleinwagen oder eine Oberklassen-Limousine leisten können.

Wenn die Anschaffung, auf die Sie Kapital bilden wollen, innerhalb der nächsten drei bis vier Jahre geplant ist, können Sie das Tagesgeldkonto für das Ansparen nutzen. Der Vorteil dabei ist, dass Sie nicht nur in regelmäßigen Raten sparen, sondern darüber hinaus ganz flexibel Geld dazuzahlen können. Für das längerfristige Sparen auf Anschaffungen kann auch ein Banksparplan oder alternativ dazu ein Sparplan mit Bundesschatzbriefen in Betracht kommen.

Zeitrahmen bestimmt Sparplan

Fast genauso einfach sieht es bei der Einmalanlage aus. Wenn Sie von vornherein wissen, wann Sie ungefähr das Geld wieder benötigen, können Sie es auf einem Festgeldkonto oder Sparbrief fest anlegen und im Gegenzug für den Verzicht auf den vorzeitigen Zugriff höhere Zinsen einstreichen.

Altersvorsorge

Bei der staatlich geförderten Altersvorsorge gibt es für Arbeitnehmer grundsätzlich zwei Varianten: die betriebliche Altersvorsorge und das private Riester-Sparen.

Die betriebliche Altersvorsorge ist in Bezug auf die Produktauswahl recht einfach, denn Sie müssen das nehmen, was Ihnen Ihr Arbeitgeber anbietet. Das kann entweder eine Direktversicherung, eine Pensionskasse, ein Pensionsfonds oder die direkte Einzahlung in einen betrieblichen Vorsorgesparplan sein. Dabei ist immer gewährleistet, dass das Kapital zum Zeitpunkt des Renteneintritts erhalten bleibt. Allerdings kann es vorkommen, dass bei häufigem Jobwechsel und einem damit verbundenen Wechsel des Sparplan-Anbieters aufgrund der Zillmerung (siehe Seite 32) hohe Verluste entstehen. Daher sollten Sie die betriebliche Altersvorsorge eher dann wählen, wenn Sie längerfristig im Unternehmen bleiben wollen.

Betriebliche Altersvorsorge nur bei längerfristiger Anstellung vorteilhaft

Wenn Sie einen Riester-Sparplan einrichten wollen, haben Sie bei identischen Förderbedingungen mehrere Produktgat-

tungen zur Auswahl. Sie können wählen zwischen einem Ver-
sicherungs-, Fonds- oder Banksparplan. Besonders niedrig
sind die Nebenkosten beim Banksparplan, der jedoch eher
niedrige Zinsen bringt. Diese Variante ist empfehlenswert,
wenn Sie zum Zeitpunkt des Abschlusses älter als 45 Jahre
sind. Jüngere Sparer können je nach Risikoneigung auf einen
Versicherungs- oder Fondssparplan setzen.

[ ] **Tipp: Beim Produktvergleich Expertenrat einbeziehen**

Weil der Vergleich von Kosten und Renditechancen bei
Riester-Verträgen für Laien kaum zu bewerkstelligen ist,
sollten Sie vor dem Abschluss Expertenhilfe in Anspruch
nehmen. So bieten die Verbraucherzentralen Beratungen
zur Altersvorsorge an. Die Stiftung Warentest nimmt in
regelmäßigen Abständen Riester-Produkte unter die
Lupe und veröffentlicht die Ergebnisse auf ihrer Internetseite www.test.de, wo sie gegen eine geringe Gebühr
abgerufen werden können.

Freie Vermögensbildung

Beim Aufbau von Vermögen ohne speziellen Zweck können
auch riskantere Anlageformen zum Einsatz kommen –
vorausgesetzt, Sie sind dazu bereit, das Auf und Ab an den
Aktienmärkten über Jahre hinweg einfach auszusitzen. Weil
sich die Direktanlage in Aktien nur bei großen Anlagesummen lohnt, kommen für die meisten Sparer eher Investmentfonds infrage. Ab Seite 156 erfahren Sie, warum Sie dabei
idealerweise auf die besonders kostengünstigen Indexfonds
setzen sollten.

Bei der Auswahl der Fonds sollten Sie auf eine möglichst
breite Streuung über alle Branchen und Regionen setzen.
Ein guter Maßstab hierbei ist ein Weltaktienindex, wie er
beispielsweise vom Indexanbieter MSCI offeriert wird. Wol-

len Sie nur im Euro-Währungsraum investieren, können Sie sich am Euro STOXX 50, dem Aktienindex der Euroländer, orientieren.

Für die Senkung des Risikos bietet sich eine einfache Maßnahme an: Reduzieren Sie den Anteil an Fondsinvestments und legen Sie einen Teil des Geldes in sichere Anlageklassen wie Bundeswertpapiere oder Sparbriefe an.

Weniger Risiko durch Umschichtung

Eigenheimfinanzierung

Rein finanzplanerisch gesehen ist die Finanzierung der eigenen Wände ein Beitrag zur privaten Altersvorsorge, weil Sie im Rentenalter mietfrei wohnen können. In aller Regel ist der klassische Bankkredit das Mittel der Wahl bei der Finanzierung, alternativ dazu kann auch ein Wohn-Riester-Finanzierungsmodell infrage kommen. Alle anderen Baufinanzierungsprodukte bringen meist mehr Risiken und Kostennachteile als Vorzüge mit sich.

Konsumentenkredite

Immer mal wieder kann es vorkommen, dass Sie einen finanziellen Engpass überbrücken oder eine größere Anschaffung teilweise mit einem Kredit finanzieren müssen. Welche Kreditart für Sie geeignet ist, hängt vor allem von der voraussichtlichen Rückzahlungsdauer ab.

Für kurzfristige Überbrückungen bis zu einem Jahr Laufzeit bieten sich sogenannte Abrufkredite an, die genauso flexibel sind wie der Dispokredit, aber deutlich weniger Zinsen kosten. Ähnlich wie beim Dispokredit wird hierbei ein Kreditrahmen eingerichtet, aus dem Sie nach Belieben Geld abrufen und einfach per Überweisung wieder zurückzahlen können.

Abrufkredit statt Dispo nutzen

Für die Finanzierungsdauer von mehr als einem Jahr ist der Ratenkredit sinnvoll. Hier sollten Sie darauf achten, dass Sie auch wirklich nur einen Ratenkreditvertrag unterschreiben und nicht auch noch eine ebenso teure wie lückenhafte Restschuldversicherung abschließen.

Welche Finanzprodukte Sie wirklich brauchen

Anlageziel	Finanzprodukte
Zahlungsverkehr und eiserne Reserve	Girokonto, EC- und eventuell Kreditkarte, Tagesgeldkonto
Sparen auf Anschaffungen	Banksparplan, Festgeldkonto, Sparbrief, Bundeswertpapiere
Altersvorsorge	Betriebliche Altersvorsorge, Riester-Sparplan, für Selbstständige Rürup-Sparplan (Basisrente), Baufinanzierung des selbst genutzten Eigenheims
Freier Vermögensaufbau	Indexfonds für Risikofreudige, Bank- oder Bundeswertpapier-Sparpläne für Sicherheitsorientierte
Konsumentenkredit	Abrufkredit für kurzfristige Finanzierungen, Ratenkredit für mittelfristige Finanzierungen

Der vierte Schritt:
Rendite optimieren und Geld sparen

Bei der Kapitalanlage besteht der Gewinn nicht nur aus Zinsen, Dividenden und Kurszuwächsen, sondern – was von Finanzanbietern natürlich gern verschwiegen wird – auch aus eingesparten Kosten. Weil sich mit kostengünstigen Produkten weniger Provisionen erzielen lassen, werden sie nur in seltenen Fällen aktiv angeboten. Das sollte Sie als Bankkunde jedoch nicht daran hindern, entweder gezielt nachzufragen oder einen Anbieter zu wählen, der Ihnen Lösungen mit minimierten Nebenkosten bieten kann.

Gebühren sparen bei Konten und Karten

Egal ob Sie 150 Euro pro Jahr oder keinen einzigen Cent an Gebühren zahlen: Ein teures Girokonto bietet auch nicht mehr nützliche Funktionen als ein gebührenfreies Modell. Im Zeitalter des Onlinebanking können Sie Banktransaktionen wie Überweisungen oder das Einrichten und Ändern von Daueraufträgen bequem vom Computer aus verwalten und darüber hinaus brauchen Sie eigentlich nur noch Zugang zu einem gebührenfrei nutzbaren Geldautomaten.

Vorteile des Onlinebanking nutzen

Wichtig bei der Auswahl der Bank ist, dass Sie Institute bevorzugen, die den Verzicht auf Kontogebühren nicht an bestimmte Bedingungen wie Gehaltseingänge oder eine Mindesthöhe beim monatlichen Geldeingang koppeln.

Auch die Extragebühren für EC- und Kreditkarte sind einen Blick wert. Während manche Banken bei zwei Kontoinhabern für je eine EC- und Kreditkarte durchaus 50 Euro pro Jahr verlangen können, bieten andere das Plastikgeld gebührenfrei an. Ob Sie bei der Kreditkarte eine Visa- oder Mastercard bevorzugen, können Sie von den Gebühren abhängig machen – in den wichtigsten Ländern weltweit werden beide Varianten weiträumig akzeptiert.

Kreditkartengebühren vergleichen

Wie schon an früherer Stelle erwähnt, sollten Sie auf „Gold-" oder „Platin-Kreditkarten" verzichten. Sie zahlen dafür hohe Gebühren und erhalten Extras, deren Nutzen oftmals nicht erkennbar ist. Schon die einfachste Kreditkarte erfüllt alle Aufgaben, die Sie von ihr erwarten.

Zinsen vergleichen lohnt sich

Bei Sparplänen oder größeren Einmalanlagen in Form von Festgeldern oder Sparbriefen sollten Sie stets die Zinsen verschiedener Banken vergleichen und eventuell auch Bundeswertpapiere mit in Betracht ziehen. Achten Sie darauf, dass es sich um Banken mit Sitz im Inland handelt, sodass auf jeden Fall das deutsche Einlagensicherungssystem greift. Dann können Sie bei vergleichbarer Sicherheit in aller Ruhe das Anlageangebot herausfiltern, das Ihnen am meisten Gewinn bringt.

ETFs: Investmentfonds mit Mini-Kosten

Hohe Nebenkosten von Investmentfonds

Investmentfonds bieten Kleinanlegern zwar eine attraktive Gelegenheit, schon mit geringen Anlagebeträgen am Aktienmarkt teilzuhaben. Doch viele Fonds sind mit hohen Nebenkosten verbunden. Ausgabeaufschlag, jährliche Verwaltungsgebühr und die Depotführungsgebühr der Bank summieren sich schnell zu Kostensätzen, die Ihre Rendite ganz empfindlich schmälern können.

Bei der Anlageentscheidung stehen Fondsanleger vor einer unlösbaren Aufgabe: Bei der Wahl des Fonds gilt es abzuschätzen, welches der vielen tausend am Markt angebotenen Produkte wohl die beste Rendite bringt. Das Ergebnis bleibt dem Zufall überlassen, und dabei ist die Wahrscheinlichkeit recht gering, einen überdurchschnittlich guten Fonds zu erwischen. Etliche Studien haben ergeben, dass es vier von fünf Fondsmanager auf lange Sicht nicht schaffen, besser als der Vergleichs-Aktienindex abzuschneiden.

Bei ETFs besonders niedrige Gebühren

Da stellt sich die Frage: Warum also nicht gleich in einen Aktienindex investieren? Das ist möglich – und zwar in Form von börsengehandelten Indexfonds, die im Fachjargon auch als „Exchange Traded Funds" oder kurz „ETFs" bezeichnet werden. Weil die Fondsgesellschaften auf teure Fondsmanager und Analysten verzichten und keine Provisionen an Banken oder Finanzvertriebe zahlen, sind die Nebenkosten äußerst niedrig. Während allein schon die jährliche Verwaltungsgebühr bei teuren Aktienfonds rund 1,5 Prozent Rendite kosten kann, liegt die Kostenquote bei Indexfonds

meist zwischen 0,15 und 0,5 Prozent pro Jahr. Ausgabe-
aufschläge gibt es nicht, für Kauf und Verkauf fallen lediglich die Ordergebühren der Bank an. Manche Direktbanken
bieten überdies monatliche Sparpläne, die auch bei kleinen
Sparraten nur geringe Nebenkosten verursachen.

Im Vergleich zu den aktiv gemanagten Fonds können Indexfonds nicht nur die Kostenvorteile ausspielen. Wenn Sie sich
für einen Index entschieden haben, wissen Sie immer, welche
Wertpapiere der Fonds repräsentiert. Bei klassischen Investmentfonds kann es hingegen durchaus Abweichungen zwischen den in der Werbung hervorgehobenen Anlageschwer-
punkten und der tatsächlichen Depotzusammensetzung geben.

**Zusammensetzung
von Indexfonds leicht
im Auge zu behalten**

Passend zum kostengünstigen Indexfonds
sollten Sie auch eine Bank wählen, die für
Transaktionen und Depotführung möglichst
geringe Kosten verlangt. Hier ist die Preis-
spanne groß: Eine teure Filialbank kann um
ein Mehrfaches teurer sein als eine kostengünstige Direktbank. Generell empfiehlt
sich: Preise und Angebote immer möglichst
genau vergleichen und den eigenen Bedarf
präzise beurteilen.

 **Tipp: Bei Unsicherheit ist
unabhängige Beratung sinnvoll**

Wenn Sie sich nicht sicher sind, welchen
Anteil Indexfonds in Ihrem Anlagemix ausmachen sollen, ist es ratsam, zunächst bei
einer Verbraucherzentrale eine Beratung
auf Honorarbasis in Anspruch zu nehmen.
Im Anschluss daran haben sich die Bera-
tungskosten über die Gebührenersparnis
bei Fonds- und Depotverwaltung schnell
wieder amortisiert.

Zinskosten reduzieren bei Krediten

Wenn Sie einen Kredit benötigen, sollten Sie die Zinsen
kritisch vergleichen und auf keinen Fall das erstbeste Angebot unterschreiben. Bei Ratenkrediten kann es durchaus vorkommen, dass beim teuersten Anbieter die Zinsen
dreimal so hoch sind wie beim billigsten. Wird dabei noch
berücksichtigt, dass bei günstigeren Zinsen der Kredit auch
schneller zurückgezahlt wird, dann ist dank des Zinseszins-
effektes die Ersparnis sogar noch höher. Bei kurzfristigen
Überbrückungen empfiehlt es sich, auf den teuren Dispo-

kredit zu verzichten und einen zinsgünstigen Abrufkredit in Anspruch zu nehmen.

Großes Einsparpotenzial bei Baufinanzierung

Besonders groß ist das Einsparpotenzial bei der Baufinanzierung. Schon wenige Zehntelprozente Unterschied bei den Konditionen wirken sich mit Summen in vier- bis fünfstelliger Höhe auf die Gesamtkosten aus. Vor diesem Hintergrund ist es sinnvoll, zuerst eine ganz neutrale Beratung auf Honorarbasis in Anspruch zu nehmen – zum Beispiel bei der Verbraucherzentrale – und im zweiten Schritt dann konkrete Angebote von mindestens drei Banken oder Finanzierungsvermittlern einzuholen.

10 goldene Regeln gegen Bankentricks und Anlegerfrust

Zum Abschluss finden Sie hier noch ein paar nützliche Regeln, die Ihnen dabei helfen, Ärger mit Banken und Finanzdienstleistern vorzubeugen.

1. Seien Sie sich darüber im Klaren, dass es keine kostenlosen Beratungen gibt. Aufgrund des Provisionsinteresses ist jede „Beratung" durch eine Bank oder einen Finanzvertrieb in Wirklichkeit ein Verkaufsgespräch.
2. Lassen Sie sich von den angepriesenen Renditechancen nicht blenden, sondern hinterfragen Sie kritisch auch die mit dem Anlageprodukt verbundenen Risiken.
3. Lassen Sie sich nicht unter Druck setzen. Wenn man Ihnen keine Zeit lassen will, um das Angebot nochmals zu überdenken und zu prüfen, dann hat der Anbieter etwas zu verbergen.

4. Prüfen Sie das Beratungsprotokoll und achten Sie darauf, dass nicht irgendwelche Formulierungen enthalten sind, mit denen Ihnen im Streitfall die Verantwortung zugeschoben wird – beispielsweise mit Formeln wie „auf ausdrücklichen Wunsch des Kunden" oder Risikohinweisen, die im Gespräch überhaupt nicht auf den Tisch gebracht worden sind.

5. Nutzen Sie beim Abschluss eines Vertrags in den eigenen vier Wänden die Widerrufsfrist, um das Geschäft nochmals zu überdenken. Zögern Sie im Zweifelsfall nicht, von Ihrem Rücktrittsrecht auch Gebrauch zu machen.

6. Unterschreiben Sie niemals einen Vertrag, wenn Sie das Finanzprodukt nicht voll und ganz verstanden haben.

7. Helfen Sie mit, ältere Menschen vor Finanzhaien zu schützen, indem Sie innerhalb Ihrer eigenen Familie Aufklärungsarbeit leisten und Ihren Eltern bei ihren Finanzgeschäften Unterstützung anbieten.

8. Machen Sie sich in Finanzfragen nicht von externen Beratern abhängig, sondern eignen Sie sich Grundwissen über die wichtigsten Anlageformen an. Die Verbraucherzentralen bieten hierzu leicht verständliche und praxisnahe Ratgeber.

9. Stellen Sie immer die Finanzplanung an die erste Stelle und entscheiden Sie erst danach, welche Produkte überhaupt infrage kommen. So vermeiden Sie spontane Anlageentscheidungen, die langfristig nicht zu Ihrer Lebensplanung passen.

10. Erhöhen Sie Ihre Rendite ganz risikolos, indem Sie die Nebenkosten Ihrer Finanzprodukte minimieren. Vor allem bei Girokonto und Wertpapierdepot sind hohe Einsparungen drin.

Adressen

Ombudsmänner und -frauen

Private Banken
Kundenbeschwerdestelle beim
Bundesverband deutscher Banken
Postfach 04 03 07
10062 Berlin
www.bankenverband.de

Sparkassen
Deutscher Sparkassen- und Giroverband
Kundenbeschwerdestelle
Charlottenstr. 47
10117 Berlin
www.sparkasse.de

Genossenschaftsbanken
Kundenbeschwerdestelle beim
Bundesverband der Deutschen
Volksbanken und Raiffeisenbanken · BVR
Schellingstraße 4
10785 Berlin
www.bvr.de

Private Bausparkassen
Verband der Privaten Bausparkassen e.V.
Kundenbeschwerdestelle
Postfach 30 30 79
10730 Berlin
www.bausparkassen.de

Landesbausparkassen
Schlichtungsstelle der Landesbausparkassen
Postfach 74 48
48040 Münster
www.lbs.de

Private Kranken- und Pflegeversicherungen
OMBUDSMANN
Private Kranken- und Pflegeversicherung
Postfach 06 02 22
10052 Berlin
www.pkv-ombudsmann.de

Alle weiteren Versicherungen
Versicherungsombudsmann e. V.
Postfach 080632
10006 Berlin
www.versicherungsombudsmann.de

Verbraucherzentralen

Verbraucherzentrale Baden-Württemberg e. V.
Paulinenstraße 47
70178 Stuttgart
Telefon: 0 18 05/50 59 99 (0,14 €/min.,
Mobilfunkpreis maximal 0,42 €/min.)
Fax: 07 11/66 91-50
www.vz-bawue.de

Verbraucherzentrale Bayern e. V.
Mozartstraße 9
80336 München
Telefon: 0 89/5 39 87-0
Fax: 0 89/53 75 53
www.verbraucherzentrale-bayern.de

Verbraucherzentrale Berlin e. V.
Hardenbergplatz 2
10623 Berlin
Telefon: 0 30/2 14 85-0
Fax: 0 30/2 11 72 01
www.vz-berlin.de

Verbraucherzentrale Brandenburg e. V.
Templiner Straße 21
14473 Potsdam
Telefon: 03 31/2 98 71-0
Fax: 03 31/2 98 71-77
www.vzb.de

Verbraucherzentrale des Landes Bremen e. V.
Altenweg 4
28195 Bremen
Telefon: 04 21/1 60 77-7
Fax: 04 21/1 60 77 80
www.verbraucherzentrale-bremen.de

Verbraucherzentrale Hamburg e. V.
Kirchenallee 22
20099 Hamburg
Telefon: 0 40/2 48 32-0
Fax: 0 40/2 48 32-290
www.vzhh.de

Verbraucherzentrale Hessen e. V.
Große Friedberger Straße 13–17
60313 Frankfurt/Main
Telefon: 0 18 05/97 20 10 (0,14 €/min.,
Mobilfunkpreis maximal 0,42 €/min.)
Fax: 0 69/97 20 10-40
www.verbraucherzentrale-hessen.de

**Neue Verbraucherzentrale
in Mecklenburg und Vorpommern e. V.**
Strandstraße 98
18055 Rostock
Telefon: 03 81/2 08 70 50
Fax: 03 81/2 08 70 30
www.nvzmv.de

Verbraucherzentrale Niedersachsen e. V.
Herrenstraße 14
30159 Hannover
Telefon: 05 11/ 9 11 96-0
Fax: 05 11/9 11 96-10
www.verbraucherzentrale-niedersachsen.de

**Verbraucherzentrale
Nordrhein-Westfalen e. V.**
Mintropstraße 27
40215 Düsseldorf
Telefon: 02 11/38 09-0
Fax: 02 11/38 09-216
www.vz-nrw.de

Verbraucherzentrale Rheinland-Pfalz e. V.
Seppel-Glückert-Passage 10
55116 Mainz
Telefon: 0 61 31/28 48-0
Fax: 0 61 31/28 48-66
www.verbraucherzentrale-rlp.de

Verbraucherzentrale des Saarlandes e. V.
Trierer Straße 22
66111 Saarbrücken
Telefon: 06 81/5 00 89-0
Fax: 06 81/5 00 89-22
www.vz-saar.de

Verbraucherzentrale Sachsen e. V.
Katharinenstraße 17
04109 Leipzig
Telefon: 03 41/69 62 90
Fax: 03 41/6 89 28 26
www.verbraucherzentrale-sachsen.de

Verbraucherzentrale Sachsen-Anhalt e. V.
Steinbockgasse 1
06108 Halle
Telefon: 03 45/2 98 03-29
Fax: 03 45/2 98 03-26
www.vzsa.de

**Verbraucherzentrale
Schleswig-Holstein e. V.**
Andreas-Gayk-Straße 15
24103 Kiel
Telefon: 04 31/5 90 99-0
Fax: 04 31/5 90 99-77
www.verbraucherzentrale-sh.de

Verbraucherzentrale Thüringen e. V.
Eugen-Richter-Straße 45
99085 Erfurt
Telefon: 03 61/5 55 14-0
Fax: 03 61/5 55 14-40
www.vzth.de

Verbraucherzentrale Bundesverband e. V.
Markgrafenstraße 66
10969 Berlin
Telefon: 0 30/2 58 00-0
Fax: 0 30/2 58 00-218
www.vzbv.de

Register

Impressum

Herausgeber

Verbraucherzentrale Nordrhein-Westfalen e. V.
Mintropstraße 27, 40215 Düsseldorf
Telefon: 02 11/38 09-555, Telefax: 02 11/38 09-235
ratgeber@vz-nrw.de
www.vz-nrw.de

Mitherausgeber

Verbraucherzentrale Bundesverband e. V.
Markgrafenstraße 66, 10969 Berlin
Telefon: 0 30/2 58 00-0, Fax: 0 30/2 58 00-218
www.vzbv.de

Verbraucherzentrale Baden-Württemberg e. V.
Paulinenstraße 47, 70178 Stuttgart
Telefon: 0 18 05/50 59 99 (0,14 €/min., Mobilfunkpreis
maximal 0,42 €/min.), Fax: 07 11/66 91-50
www.vz-bawue.de

Verbraucherzentrale Hamburg e. V.
Kirchenallee 22, 20099 Hamburg
Telefon: 0 40/2 48 32-0, Fax: 0 40/2 48 32-290
www.vzhh.de

Text	Thomas Hammer, Ötisheim
Koordination	Kathrin Nick
Lektorat	Mendewitsch + Meiser, Düsseldorf
	www.mendlewitsch-meiser.de
Fachliche Beratung	Markus Feck, Erkelenz
Umschlaggestaltung	Ute Lübbeke, www.LNT-design.de
Gestaltungskonzept	punkt 8, Berlin
Layout und Satz	eScriptum GmbH & Co KG, Berlin
	www.escriptum.de
Titelbild	gettyimages/Daniel Allan
Illustrationen	Detlef Surrey, Berlin
Druck	WAZ-Druck GmbH, Duisburg
	Gedruckt auf 100 % Recyclingpapier

Redaktionsschluss: August 2012

verbraucherzentrale

Noch Fragen?
Die Beratung der Verbraucherzentralen

Unser Plus für Sie!

Hoffentlich haben Ihnen die Informationen in diesem Ratgeber weitergeholfen. Und wenn Sie noch Fragen haben ...

Die Expertinnen und Experten der Verbraucherzentrale beraten Sie individuell, kompetent und unabhängig:
- in Ihrer Beratungsstelle vor Ort,
- am Telefon oder
- im Internet.

! Wir beraten zum Beispiel zu:
- Banken und Geldanlagen
- Baufinanzierung
- Energie
- Ernährung
- Haushalt, Freizeit, Telekommunikation
- Kreditrecht, Schuldner- und Insolvenzverfahren
- Patientenrechte und Gesundheitsdienstleistungen
- Reiserecht
- Versicherungen

www.

Unter www.verbraucherzentrale.de finden Sie das vollständige Beratungsangebot in Ihrem Bundesland.

Oder Sie nehmen direkt Kontakt mit Ihrer Verbraucherzentrale auf: Die Adressen finden Sie auf Seite 162 f.

Nutzen Sie unser Beratungsangebot und treffen Sie mit unserer Unterstützung die richtigen Entscheidungen. Wir sind für Sie da!

Hier können wir Ihnen nur eine kleine Auswahl aus unserem umfangreichen Ratgeberprogramm vorstellen. Mehr als 100 aktuelle Titel halten wir für Sie bereit. Auf Wunsch senden wir Ihnen gern ein Gesamtverzeichnis zu. Zu den genannten Preisen (Stand: August 2012) kommen noch Porto und Versandkosten.

Geldanlage ganz konkret |1|

Banken und Finanzvertriebe waren leider in der Vergangenheit oft keine große Hilfe. Der Ratgeber bietet konkrete und vor allem unabhängige Hilfe bei der Geldanlage für alle, die sparen wollen. Ob mit großem oder kleinem Budget, ob sicher oder mit Anlagerisiken, ob staatlich oder betrieblich gefördert: Wer Bescheid weiß, macht mehr aus seinem Geld.
2. Auflage 2011, 256 Seiten, 9,90 €

Altersvorsorge richtig planen |2|

Mit vermeintlich lukrativen Angeboten zur Altersvorsorge locken Banken, Anlageberater, Versicherungen und Immobilienverkäufer – und die Verunsicherung ist größer denn je. Dieses Einmaleins der Altersvorsorge bietet unabhängigen, profunden Rat. Damit der Weg für einen sorgenfreien Ruhestand frei ist. Mit Bewertungen von einzelnen Finanzprodukten.
1. Auflage 2010, 272 Seiten, 12,90 €

Kleine Beträge clever anlegen |3|

Kleinvieh macht auch Mist – wie wahr! Dieser Ratgeber zeigt Ihnen mit zahlreichen Berechnungsbeispielen, wie man mit kleinen Geldbeträgen sinnvoll sparen kann. Auch mit monatlichen Beträgen ab 50 Euro oder gelegentlichen Einmalanlagen ab 500 Euro lässt sich über Jahre eine stattliche Summe aufbauen. Checklisten und zahlreiche Tipps helfen Ihnen dabei.
2. Auflage 2012, 128 Seiten, 7,90 €

Privatrenten und Lebensversicherungen |4|

Erstmals benennt ein Ratgeber die Vor- und Nachteile aller privaten Lebensversicherungsprodukte: Privatrenten, Riester- und Rürup-Renten und Kapitallebensversicherungen. Dabei werden die unterschiedlichen Renditen und die Rechte der Kunden erklärt und beurteilt.
1. Auflage 2010, 176 Seiten, 9,90 €

Berufsunfähigkeit gezielt absichern |5|

Wer vorzeitig wegen Berufsunfähigkeit aus dem Arbeitsleben ausscheidet, ist durch die gesetzliche Rentenversicherung wenig oder gar nicht mehr abgesichert. Schutz bietet eine private Berufsunfähigkeitsversicherung. Das Buch zeigt Ihnen den Weg zu einer guten Police und erklärt, was beim Versicherungsantrag wichtig ist.
4. Auflage 2011, 184 Seiten, 9,90 €

Richtig versichert |6|

Eine Menge Geld wird für überflüssige und zu teure Versicherungen verpulvert. Dieser Ratgeber informiert, welche Versicherungen Sie wirklich brauchen – im Beruf und Privatleben, bei der Altersvorsorge, beim Immobilienbesitz oder auf Reisen – und welche Sie getrost kündigen können. Außerdem nennt er für jede Versicherungssparte empfehlenswerte Anbieter.
23. Auflage 2011, 216 Seiten, 9,90 €

Richtig vererben und verschenken |7|

Testament, Erbvertrag und Schenkung sind die wichtigsten Instrumente, um den Verbleib des eigenen Vermögens zu bestimmen. Anhand zahlreicher Fälle und Beispiele aus der Praxis informiert dieser Ratgeber Erblasser, wie ein Testament erstellt oder ein Erbvertrag aufgesetzt wird und welche Möglichkeiten eine Schenkung bietet.
2. Auflage 2012, 256 Seiten, 11,90 €